언어 평등

ХЭЛ ТЭГШ БАЙДАЛ

NYELVI EGYENLŐSÉG

SPRACHE EQUALITY

TAAL GELIJKHEID

SPRÅK LIKHET

LANGUAGE EQUALITY

NGÔN NGỮ BÌNH ĐẲNG

IDIOMA IGUALDADE

BAHASA KESETARAAN

言語平等

שפת שוויון

भाषा समानताको

ภาษาเท่าเทียมกัน

IDIOMA IGUALDAD

AEQUALITAS LANGUAGE

JAZYK ROVNOST

LANGUE ÉGALITÉ

ЯЗЫК EQUALITY

LIMBA EGALITATE

اللغة المساواة

برابری زبان

语言平等

LUGHA USAWA

МОВА РІВНІСТЬ

“모든 언어는 평등하다”

언어는 문화의 다양성 산물이며,
인류 공동체 소통의 시작과 문명 발전의 발자취이다.

또한, 인류 문명의 근원인 동시에 민족 정체성의 상징이다.
언어 평등주의 관점에서 고유 가치와 순결성은 언어 사용자수와 국력에 국한 될 수 없으며
어떠한 언어도 우수함, 열등함을 비교할 수 없다.

따라서, 우리는 언어의 획일화 위협을 완전히 배제하며
언어학습의 자유로운 선택과 평등한 기회를 위한 어학콘텐츠 개발과 보급이
우리의 가장 중요한 가치 중 하나이다.

민족 자주독립의 1945년 명동 문예서림(서점) 창립이래,
어학 콘텐츠는 우리의 과거, 현재 그리고 미래의 핵심이며
세계 모든 어학콘텐츠 개발과 보급이라는
우리의 이상과 독자를 위한 〈언어 평등〉에 정진할 것이다.

이탈리아,
이탈리아노

임 은 형 저자

문예림

http://www.bookmoon.co.kr

이탈리아, 이탈리아노

초판 2쇄 인쇄 2016년 3월 25일
초판 2쇄 발행 2016년 4월 5일

지은이 임은형
발행인 서덕일
펴낸곳 문예림
주소 경기도 파주시 회동길 366 (10881)
전화 (02)499-1281~2
팩스 (02)499-1283
E-mail info@bookmoon.co.kr

출판등록 1962.7.12 (제406-1962-1호)
ISBN 978-89-7482-846-2 (18780)

잘못된 책은 구입하신 서점에서 교환하여 드립니다.

머리말

대학에서 교양이탈리아어 수업을 강의한 지 20년이 넘어섰다. 누군가에게 처음 무엇을 가르쳐 주는 길잡이가 된다는 것은 중요한 역할이라고 생각한다. 처음 배울 때 즐거운 것은 언제든 다시 할 수 있고 잘 할 수 있는 것 같다. 한 나라의 언어를 교양 수업으로 몇 주간 배운다는 것은 배움의 양의 문제라기보다는 체계를 잘 잡아주는 길잡이로서의 역할을 잘 하는 것이라는 생각에 이 책을 쓸 용기를 내었다.

이 책은 알파벳에서부터 짧은 회화를 중심으로 문장과 어휘를 익히고 연습하며, 간단한 문법 설명을 익히고 활용 연습하여 이탈리아 언어 체계를 익혀 나가고자 한 것이다. 2500년의 역사의 흐름 속에 살아 있는 언어를 배움과 동시에 이탈리아가 가지고 있는 훌륭한 가치를 배우고자 각 단원 끝부분에는 이탈리아를 소개하는 글을 실었다. 강의를 위한 책으로 준비했기에 수업을 통해 배워야 한다고 생각한 부분에서는 굳이 설명을 싣지 않았다. 너무 자세하고 복잡한 설명들이 처음 수업을 접하는 학생들에게 부질없는 짐으로 작용하지 않았으면 하는 마음에서 간소화시켰다.

이 교재와 더불어 강의를 들은 학생들이 이어서 다른 책뿐만 아니라 어떤 식의 방법을 통하여서 이탈리아어에 대한 흥미를 잃지 않고 학습해 나갈 수 있고, 나갔으면 하는 바람이다.

언제나 나의 하루 중 단 한 시간도 누구에게 의존하지 않고 영위되는 것이 없다고 느꼈으나, 새삼 이 책을 출판하면서 세심하게 신경써주신 도서출판 문예림의 여러 전문가님들의 도움에 감탄하고 진심으로 감사드린다.

2015년 8월
저자 임 은 형

차 례

차 례

알파벳과 발음

1. 알파벳

현대 이탈리아어는 다음 21자의 알파벳으로 이루어져 있고, 영어알파벳 26자 중 5자 (J, K, W, X, Y)는 외래 문자이다.

Italian Alphabet					
Aa a	Bb bi	Cc ci	Dd di	Ee e	Ff effe
Gg gi	Hh acca	Ii i	Ll elle	Mm emme	Nn enne
Oo o	Pp pi	Qq cu	Rr erre	Ss esse	Tt ti
Uu u	Vv vu	Zz zeta			

2. 발음

	b	c	d	f	g	h	l	m	n	p	qu	r	s	t	v	z
a	ba		da	fa		ha	la	ma	na	pa	qua	ra	sa	ta	va	za
e	be		de	fe		*	le	me	ne	pe	que	re	se	te	ve	ze
i	bi		di	fi		*	li	mi	ni	pi	qui	ri	si	ti	vi	zi
o	bo		do	fo		ho	lo	mo	no	po	quo	ro	so	to	vo	zo
u	bu		du	fu		*	lu	mu	nu	pu	*	ru	su	tu	vu	zu

3. 독특한 발음

	ca	g	sc	gn	gl
a	ca	ga	sca	gna	gla
e	che / ce	ghe / ge	sche/ sce	gne	gle
i	chi / ci	ghi / gi	schi /sci	gni	gli
o	co	go	sco	gno	glo
u	cu	gu	scu	gnu	glu

4. 독특한 발음 연습

c + (a, o, u)	cavallo Corea cuoco
ch + (e, i)	che chi
c + (e, i)	cena cibo
g + (a, o, u))	gatto lago gusto
gh + (e, i)	lunghe ghiaccio
g + (e, i)	gelato girare
gli	cogliere
gn + (a, e, i, o, u)	montagna agnello ogni sogno ognuno
h + (a, o)	hanno hotel
sc + (a, o, u)	scatola sconto scuola
sch + (e, i)	schema schiena
sc + (e, i)	scegliere sciare

5. 발음연습 예문

〈Nella fantasia〉

- Nella fantasia io vedo un mondo giusto,
  Lì tutti vivono in pace e in onestà.
- Io sogno d'anime che sono sempre libere,
  Come le nuvole che volano,
  Pien' d'umanità in fondo all'anima.
- Nella fantasia io vedo un mondo chiaro,
  Lì anche la notte è meno oscura.
- Io sogno d'anime che sono sempre libere,
  Come le nuvole che volano.
- Pien' d'umanità in fondo all'anima.
- Nella fantasia esiste un vento caldo,
  Che soffia sulle città, come amico.
- Io sogno d'anime che sono sempre libere,
  Come le nuvole che volano,
  Pien' d'umanità in fondo all'anima.

Unità 1 Buongiorno!

Insegnante	Buongiorno!
Studenti	Buongiorno!
Insegnante	Io sono la vostra insegnante. Mi chiamo Luisa Rossi. Lei, come si chiama?
Caterina	Mi chiamo Caterina, sono inglese.
Insegnante	Anche Lei, signorina, è inglese?
Jenny	No, io sono australiana. Mi chiamo Jenny.

단어

- studente 학생
- insegnante 선생님
- vostra (소유격) 너희들의 (Unità 5 참조)
- chiamarsi 부르다
- inglese 영어, 영국인
- anche 또한
- signorina 아가씨(Miss)
- australiano(a) 호주인

해석

안녕하세요!

선생님:	안녕하세요!
학생들:	안녕하세요!
선생님:	저는 여러분의 선생님입니다. 루이자 롯시라고 합니다. 당신은 이름이 뭐죠?
카테리나:	저는 카테리나이고 영국인입니다.
선생님:	아가씨, 당신도 영국인입니까?
제니:	아니요, 저는 호주인입니다. 제니라고 합니다.

회화연습 1

Come si chiama? Mi chiamo Caterina.

1. Paolo
2. Maria
3. Rita
4. Roberto
5. Francesco

인칭대명사

	단 수	복 수
1인칭	io	noi
2인칭	tu	voi
3인칭	lui, egli, esso(그는) lei, ella, essa (그녀는)	loro (essi) loro (esse)

essere 동사

essere(=be) ....이다, 있다			
단 수		복 수	
io	sono	noi	siamo
tu	sei	voi	siete
lui, lei, Lei	è	loro	sono

재귀동사

1. 주어의 행위가 자신에게 돌아오는 동사 (주어=목적어)
2. 원형은 chiamare (타동사: + si (재귀대명사 oneself) = chiamarsi
3. mi=myself, ti=yourself, si=himself, herself, ci=ourselves, vi=yourselves
   si=themselves

chiamarsi(부르다)				
	단 수		복 수	
1인칭	io	mi chiamo	noi	ci chiamiamo
2인칭	tu	ti chiami	voi	vi chiamate
3인칭	lui, lei, Lei	si chiama	loro	si chiamano

나라와 사람

구분 / 국가	한국	프랑스	스페인	독일	미국	호주	이탈리아	그리스	영국
국가	Corea	Francia	Spagna	Germania	America	Australia	Italia	Grecia	Inghilterra
사람	coreano/a	francese	spagnolo/a	tedesco/a	americano/a	australiano/a	italiano/a	greco/a	inglese

Esercizio 1

Modello: Io vengo dalla Francia. Io sono francese. (francese)

1) Peter viene dalla Germania. Peter ______________ (tedesco)

2) Jenny viene dall'Australia. Jenny ______________ (australiano)

3) Giorgio viene dalla Grecia. Giorgio ______________ (greco)

4) Rosita viene dalla Spagna. Rosita ______________ (spagnolo)

5) Tom viene dagli Stati Uniti. Tom ______________ (americano)

6) Kamoto viene dal Giappone. Kamoto ______________ (giapponese)

7) Tu vieni dalla Corea? Tu ______________ ? (coreano)

8) Mary viene dall'Inghilterra. Mary ______________ (inglese)

이탈리아

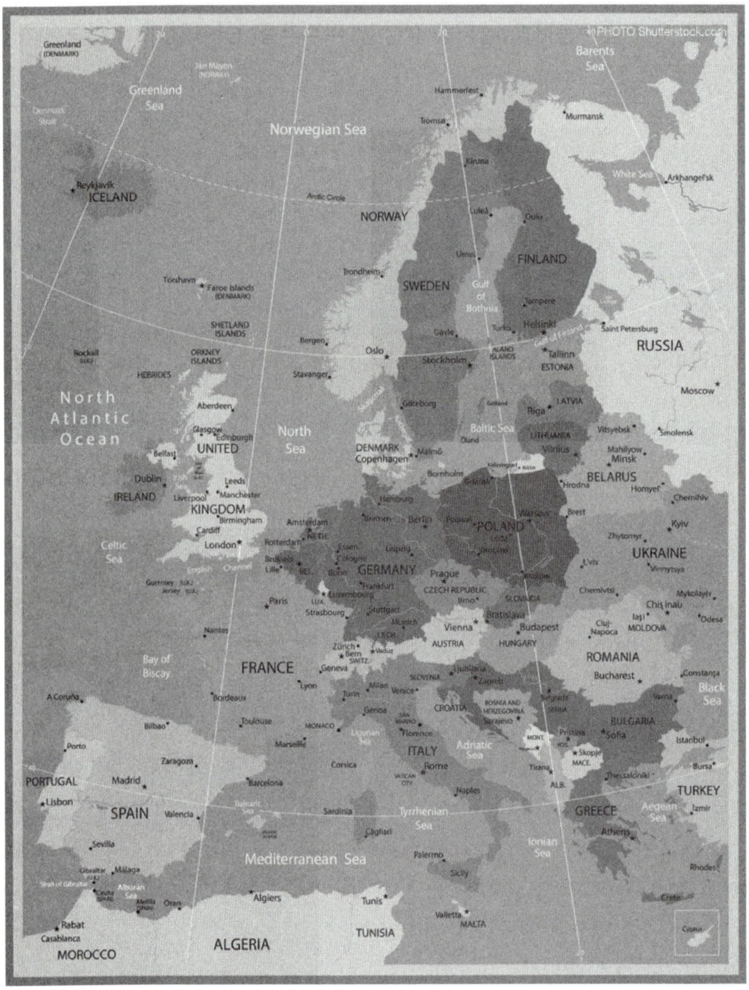

이탈리아는 유럽 어디에 어떤 모습으로 있을까? 어떤 나라들이 접경하고 있을까? 우리가 아는 이탈리아의 도시들은 어디쯤 위치하고 있을까? 이탈리아 공화국(Repubblica Italiana)은 지리적으로 남유럽의 긴 장화 모양으로 생긴 이탈리아 반도와 지중해 상의 두 섬인 시칠리아와 사르데냐로 이루어진 단일 의회 공화국이다. 북쪽은 알프스 산맥을 경계로 프랑스, 스위스, 오스트리아, 슬로베니아와 국경을 맞대고 있다. 또 주변 바다로는 동쪽의 아드리아 해, 남쪽의 이오니아 해, 서쪽에 티레노 해와 리구리아 해로 둘러싸여 있다. 이탈리아 영토 내에는 작은 독립국가인 산 마리노와 바티칸 시국이 있으며, 스위스 영토에 이탈리아의 월경지(경계를 넘어 본토와 떨어진 지역)인 캄피오네 디탈리아가 있다.

이탈리아는 남북으로 길게 뻗어 있는 반도국이라서 기후에서도 남과 북의 차이를 보인다. 여름은

두 지역 모두 덥지만 남부는 덥고 건조한 편이다. 북부는 대륙성 기후를 보이며, 중남부와 섬은 해양성 기후를 보이고 있는데, 여름에는 강우량의 양이 거의 없으나 겨울에는 강우량이 많다. 겨울에는 북부지역이 상당히 춥고, 님부와 시실리아, 사르데냐는 북부와는 달리 온화하다. 북부는 알프스산맥이 차가운 바람을 막아주고, 남부는 지중해와 접하고 리구리아 해안은 산맥의 영향으로 따뜻한 기후를 보인다. 시칠리아 섬은 아프리카 바람의 영향을 받아서 아열대 기후로 여름철은 덥다.

국토 면적은 301,338 km^2이며 인구는 60,200,000여 명으로, 유럽에서 여섯 번째로 인구가 많고, 전 세계 기준으로는 23위이다. 주요 도시로는 수도인 로마를 비롯하여, 밀라노, 나폴리, 제노바, 피렌체, 토리노, 베네치아, 볼로냐 등이 있다.

이탈리아는 이코노미스트지 조사 결과 삶의 질 세계 8위의 선진국이다. 이 나라는 높은 생활 수준을 구가하며, 2010년 인간 개발 지수는 24위였다. G8과 G20 소속되었으며, 2015년 현재 국내 총생산은 세계 8위이다. 이탈리아는 오늘날 유럽 연합의 창립 회원국으로, 1957년 로마 조약이 체결된 나라이기도 하며, 북대서양 조약기구(NATO) 원년 회원국이다. 그 밖에도 경제 협력 개발 기구(OECD)와 세계 무역 기구(WTO), 유럽 평의회, 서유럽 연합의 일원이다. 이탈리아의 군비 지출은 세계 8위이며, 북대서양 조약기구의 핵 공유에 참여하고 있다.

이탈리아(특히 수도 로마)는 정치와 문화 면에서 세계적인 영향력을 지니고 있는데, 국제연합 식량농업기구(FAO), 국제농업개발기금(IFAD), 세계 식량 계획(WFP)의 본부가 이 곳에 위치한다. 이탈리아는 영국, 프랑스, 독일, 러시아와 더불어 유럽의 정치, 사회, 군사에 영향력을 행사하여 주요 지역 강국이기도 하다. 높은 교육 수준과 풍부한 노동력을 보유한 세계화된 나라이며, 2009년 국가 브랜드 순위에서 6위를 차지하였다. 또 이탈리아의 기대 수명은 뉴질랜드와 버뮤다 다음 세계 19위로 길다. 또 관광 대국인 이탈리아는 해외에서 4,370만 명이 방문하여 세계에서 5번째로 관광객이 많은 나라이며, 유네스코 세계유산이 세계에서 가장 많은 데서(44곳) 보여주듯 예술과 과학 분야에서 오랜 전통을 지니고 있다.

이탈리아는 언어와 종교 면에서는 인구가 동질적인데 비해 문화 · 경제 · 정치 면에서는 다양하다. 라틴계인 이탈리아인이 주류를 형성하는 국가다. 하지만 북부, 중부, 남부에 따라 인종이 다른 편이다. 북부에 갈수록 장신, 금발, 푸른 눈동자의 인종이 많이 보이고, 남부로 갈수록 단신, 짙은 머리털에 검은 눈동자의 인종이 많은 편이다. 하지만, 남부에서 북부로 일거리를 찾으러 많은 이주민들이 늘어나 모두 섞인 편이다. 또 소수 민족으로 유대인과 국경지역에 프랑스인, 오스트리아인, 슬로베니아인이 살고 있다.

Unità 2

Di dove è?

Caterina　Mi chiamo Caterina, sono inglese.
　　　　　Anche Lei, signorina, è inglese?
Mary　　　No, non sono inglese.
Caterina　E di dove è?
Mary　　　Sono americana, di New York. Mi chiamo Mary.
Caterina　Piacere.

단어

- inglese 영어, 영국인
- anche 또한
- dove 어디에
- americano(a) 미국인
- piacere 반갑습니다

해석

어디 출신인가요?

카테리나: 저는 카테리나이고 영국인입니다.
　　　　　아가씨, 당신도 영국인인가요?
메리: 아니요, 저는 영국인이 아닙니다.
카테리나: 그럼 어디 출신인가요?
메리: 저는 미국인이고 뉴욕출신이고, 메리입니다.
카테리나: 반갑습니다.

회화연습 2

Perché è in Italia? Sono qui per studiare italiano.

1. 독일(Germania) – 독일어(tedesco)
2. 영국(Inghilterra) – 영어(inglese)
3. 그리스(Grecia) – 그리스어(greco)
4. 한국 (Corea) – 한국어(coreano)
5. 중국 (Cina) – 중국어(cinese)

나라와 도시

구분 \ 국가	한국	프랑스	스페인	독일	미국	일본	이탈리아	중국	영국
국가	Corea	Francia	Spagna	Germania	America	Giappone	Italia	Cina	Inghilterra
도시	Seoul	Parigi	Granada	Berlino	NewYork	Tokyo	Roma	Pechino	Londra

Esercizio 2

Modello: Di dove è? Sono coreano, di Seoul. (한국)

1) Di dove è? ______________________ (프랑스)

2) Di dove è? ______________________ (스페인)

3) Di dove è? ______________________ (독일)

4) Di dove è? ______________________ (미국)

5) Di dove è? ______________________ (일본)

6) Di dove è? ______________________ (중국)

7) Di dove è? ______________________ (이탈리아)

8) Di dove è? ______________________ (영국)

역사

이탈리아의 건국신화에는 우리의 단군신화처럼 로물루스와 레무스의 전설이 있다. 위 사진과 같은 동상이 보여주는 전설이다. 여기에는 여러 가지가 있지만, 그 중 하나는, 옛날 누미토르(Numitor)라고 하는 위대한 왕에게 쌍둥이 손자가 있었는데 그들이 로물루스(Romulus)와 레무스(Remus)였다. 하지만 누미토르의 동생이 반역을 일으켜 왕위를 빼앗았고, 로물루스와 레무스가 다시 반역을 할 거라 생각해 바구니 속에 넣어 티베르 강에 던저 버렸다. 바구니는 강을 따라 흘러 내려가다가 무화과나무 뿌리에 걸렸다. 그 때, 우연히 늑대 한 마리가 그것을 보았다. 늑대는 두 아기가 가엾다고 생각해 바구니를 강둑으로 끌어 올려 자기가 낳은 새끼처럼 키웠다. 어느 날, 잃어버린 양을 찾아 다니던 양치기가 남자 아이 두 명이 늑대 새끼 틈에서 놀고 있는 것을 보았다. 그는 아이들을 집으로 데려왔다. 아이들은 양치기의 집에서 건장하고 잘생긴 젊은이로 성장했다. 로물루스와 레무스는 어른이 되어서 우연히 자신들이 담겨 있던 바구니가 걸렸던 무화과나무 근처에 가게 되었다. 주변을 둘러보자 7개의 언덕이 보였다. 그들은 그곳이 마을을 건설하기 좋은 곳이라 생각하고 마을을 건설하였다. 그러나 그들은 성벽의 높이에 대해 말싸움을 벌였다. 레무스는 그 성벽이 낮다는 것을 증명하기 위해 성벽을 뛰어넘어 버렸다. 화가 난 로물루스는 그를 죽이고 자신을 마을의 왕으로 선포하였다. 그리고 그 곳을 자신의 이름을 따서 '로마'라고 불렀다. 이렇게 하여 로물루스가 로마의 첫 왕이 된다.

이러한 건국신화와 함께 이탈리아 반도에는 구석기시대부터 사람들이 거주했으며, BC 2000년경부터 BC 1000년에 인도유럽인의 이주가 이어졌다. BC 900년경부터 아르노 강과 테베레 강 사이에서는 그리스-동양의 큰 영향 하에 에트루리아 문명이 꽃피었다. BC 6세기경 로마인들이 에트루리아인들을 몰아내고 로마 공화정을 세웠다. BC 264년에는 갈리아키살피나 남부의 모든 이탈리아 땅이 로마의 지배를 받게 되었다. 로마인들은 계속해서 영토를 확장시켜나갔으며, BC 44년에 로마 공화정이 몰락하고 180년에 로마 제국이 탄생할 때까지 브리타니아로부터 아프리카와 유프라테스 강까지 지배권을 갖게 되었다. 이러한 로마 문명의 영향은 20세기 서구 문화의 문자 ·

법률 · 도로 · 예술 등에 아직도 뚜렷하게 남아 있다.

4~5세기에 있었던 이민족의 침략으로 서로마 제국을 붕괴하고 말았다. 이탈리아의 일부는 비잔틴 제국이 되었으나 그 나머지는 롬바르드족 · 프랑크족 · 사라센족 · 게르만족에게 차례로 약탈당했다. 교황이 한동안 로마의 실질적이고 유일한 권력자였으며, 곧 교황령으로 알려진 영토를 다스리게 되었다. 11세기에 이탈리아 남부를 침입한 노르만족은 그곳에 왕국을 세웠다. 북부에는 도시국가들이 출현하여 정치적 · 상업적으로 치열한 경쟁을 벌였다.

비록 이탈리아가 수세기 동안 정치적으로 분열된 상태였지만 13~16세기에 서구의 문화적 중심지였다. 14세기 시작된 이탈리아의 르네상스는 세계 예술사에서 역사상 가장 뛰어난 예술적 업적을 이룬 것으로 평가 받는다. 15세기말에 프랑스의 침입을 받은 후 1550년 신성 로마 제국 황제 카를 5세에 의해 나라의 대부분이 점령당했다. 카를의 지배에서 시작해서 그 후 스페인의 합스부르크 가문은 오스트리아가 18세기 초에 이탈리아 북부를 거의 장악하게 될 때까지 지배했다. 그러나 특정 지역은 이 시기에도 자치권을 유지했다. 1796년에 시작된 나폴레옹의 점령이 1815년에 종말을 맞으면서 이탈리아는 또다시 군소국가들로 분열되었다.

19세기에는 이탈리아 북부 피에몬테의 군주인 사보이 가문의 노력으로 리소르지멘토(Risorgimento : 이탈리아 통합운동)가 대대적으로 벌어졌다. 프랑스의 지원을 받은 피에몬테인들은 1861년에 그들의 왕 비토리오 에마누엘레 2세의 통치 아래 이탈리아 대부분의 영토를 통합하는 데 성공했으며, 1866년에는 베네치아, 1870년에는 로마 교황령이 합병되면서 하나의 국가로 탄생했다.

제1차 세계대전 이후 베니토 무솔리니가 정권을 잡으면서 파시즘이 발전했다. 이탈리아는 에티오피아를 침공하고 1936년에 로마-베를린 동맹을 맺었다. 연합군이 1943년에 이탈리아로 들어오자 무솔리니는 탈출했고, 항복한 이탈리아는 연합군에 합류하여 독일군과 싸웠다. 1946년에 공화국이 선포되고 연립정부는 전후복구에 힘썼다. 경제발전은 꾸준히 진행되고 있으며, 1957년 유럽공동체(EC)의 창립 회원국이 되었고 1993년 유럽공동체는 유럽연합이 되어 유로화를 쓰고 있다. 오늘날 이탈리아는 민주 공화국이며, 이코노미스트지 조사 결과 삶의 질 세계 8위의 선진국이다.

Unità 3

Una frase alla lavagna

Insegnante Prendete il quaderno, scriviamo delle frasi in italiano. Io scrivo le frasi alla lavagna, voi scrivete le frasi sul quaderno con la penna o con la matita. Sul tavolo c'è un libro, un quaderno, una penna, una matita. C'è anche un giornale e una chiave. Sul tavolo ci sono molti oggetti. Vicino al tavolo c'è una sedia. Sulla sedia c'è una borsa: è la mia borsa. Ora leggiamo insieme le frasi che abbiamo scritto.

단어

- frase 문장
- lavagna 칠판
- insegnante 선생님
- prendere(=get, take) 취하다
- quaderno 공책
- scrivere 쓰다
- penna 펜
- matita 연필
- tavolo 테이블
- libro 책
- anche 또한
- giornale 신문
- chiave 열쇠
- oggetto 물건
- sedia 의자
- borsa 가방
- ora 이제
- leggere 읽다
- insieme 함께

해석

칠판에 문장

선생님: 공책을 가져와서 이탈리아어로 몇 문장 써 봅시다. 나는 칠판에 문장을 씁니다. 여러분은 공책에 펜이나 연필로 쓰세요. 테이블 위에 책, 공책, 펜, 연필이 있습니다. 테이블 위에 많은 물건들이 있습니다. 테이블 가까이에 의자가 있습니다. 의자 위에 가방이 있습니다: 나의 가방입니다. 이제 우리가 쓴 문장을 함께 읽어 봅시다.

회화연습 3

Che cosa è? È una sedia.

1. un tavolo
2. una matita
3. una lavagna
4. un quaderno
5. un giornale

성과 수

	단 수	복 수	예
남 성	−o	−i	libro − libri
여 성	−a	−e	penna − penne
남/여 성	−e	−i	cinese − cinesi

관사

1. 부정관사

un : 남성 단수, 모음으로 시작되는 남성 단어나 s+자음, z로 시작되는 경우를 제외한 자음으로 시작되는 남성단어

예 un libro
un tavolo
un giornale
un italiano
un anno

uno : s+자음, z로 시작되는 남성 단어의 경우

예 uno specchio
uno spagnolo
uno zio
uno zaino

una (un') : 여성단어 (여성단어 중 a e i o u 모음으로 시작되면 축약)

예 una penna
una matita
una chiave
una borsa
un'isola

2. 정관사

il : s+자음, z로 시작되는 남성 단어를 제외한 자음으로 시작되는 남성단어
i : 복수가 되면 정관사도 복수를 쓴다.

예 il giorno – i giorni
il tavolo – i tavoli
il quaderno – i quaderni
il giardino – i giardini

lo (l') : 모음으로 시작되는 남성 단어나 s+자음, z로 시작되는 남성 단어
gli (gl': i로 시작되는 단어의 경우만 축약) : 정관사 lo를 붙이는 단어의 복수형과 함께 쓴다.

예 lo zio – gli zii
lo spagnolo – gli spagnoli
l'italiano – gl'italiani
l'americano – gli americani

la (l') : 여성의 단어. (모음으로 시작되는 여성단어에 붙이는 경우 축약)
le (l' : e로 시작되는 단어의 경우만 축약) : 정관사 la를 붙이는 단어의 복수형과 함께 쓴다.

예 la borsa – le borse
la finestra – le finestre
la chiave – le chiavi
la città – le città
l'isola – le isole
l'erba – l'erbe

Esercizio 3

Modello: tavolo – un tavolo – il tavolo – i tavoli

1) bottiglia –

2) svizzero –

3) inno –

4) cavallo –

5) albero –

6) giornale –

7) film –

8) bambina –

9) università –

10) studentessa –

이탈리아어

현재 유럽에는 동유럽에 슬라브어, 북유럽에는 게르만어가 통용되는 반면, 남유럽에는 라틴어에 기원을 두고 있는 로망스어가 우세하게 사용되고 있다. 이탈리아어 혹은 이태리어는 주로 이탈리아에서 6천만 정도의 인구가 사용하는 로망스어군의 네오 라틴어(Neo Latino, 신 라틴어)이다. 이런 네오 라틴어에는 이탈리아어를 비롯한 프랑스어, 스페인어, 포루투갈어, 루마니아어 등이 있다. 현대의 표준 이탈리아가 나오기 전 이탈리아에는 많은 지방 방언들이 있었고 집안에서 사용하는 언어들이 있어 로미오네 집안 언어와 쥴리엣의 집안 언어가 서로 달리 존재하고 있었다. 이렇게 많은 언어 속에서 14세기 초, 피렌체 출신의 작가 단테 알리기에리(Dante Alighieri)는 많은 사람들이 읽기 좋은 언어를 피렌체 중심의 토스카나 방언이라고 여기고 그 언어로 『신곡 La Divina Commedia』을 집필하게 된다. 그 이후 표준 이탈리아어는 토스카나의 방언을 중심으로 하여 이탈리아 남부의 방언과 북부의 갈로로망스 방언의 중간 정도 성격을 지니며 현대 이탈리아어로 발전하고 자리 잡게 되었다. 그러나 오랫동안 표준어로 자리 잡아왔던 토스카나 말씨는 근래에 와서 이탈리아 경제의 중심이 되는 밀라노의 말씨의 영향에 어느 정도 받고 있다.

이탈리아에는 다양한 방언이 존재하나, 표준 이탈리아어가 명실상부 사회의 모든 면에서의 공용어 지위를 누리고 있다. 이탈리아 내의 작은 도시국가인 산마리노와 바티칸 시국에서도 또한 쓰이고 있다. 그리고 이탈리아의 인접지역에서도 쓰이는 경우가 있는데, 스위스 남부인 티치노 주와 크로아티아의 이스트리아 지역이 그러하다. 이탈리아 제국의 구 식민지인 소말리아나 리비아 등에도 화자가 일부 남아 있으나 사용빈도는 높지 않다.

Unità 4 Che cosa c'è nella borsa di Mara?

Mara scrive nel quaderno le frasi italiane. Con il braccio spinge la borsa. Dalla borsa cadono degli oggetti: nella borsa di Mara c'è uno specchio, c'è un pettine, c'è un pacchetto di sigarette, c'è un accendino, ci sono delle chiavi.

단어

- borsa 가방
- scrivere 쓰다
- quaderno 공책
- frase 문장
- braccio 팔
- spingere 밀다
- cadere 떨어지다
- oggetto 물건
- specchio 거울
- pettine 빗
- pacchetto 작은 상자
- sigaretta 담배
- accendino 라이타
- chiave 열쇠

해석

마라의 가방에는 무엇이 있나요?

마라는 공책에 이탈리아어 문장을 쓰고 있다. 그녀는 팔로 가방을 민다. 가방으로부터 물건들이 떨어진다: 마라의 가방에는 거울이 있다, 빗이 있다, 담배갑이 있다, 라이타가 있다, 열쇠들이 있다.

회화연습 4

Che cosa c'è nella borsa? Nella borsa c'è un libro.

1. uno specchio
2. delle penne
3. un quaderno
4. un portafoglio
5. dei fogli

전치사 관사

	il	lo	la	i	gli	le	l'
A	al	allo	alla	ai	agli	alle	all'
Di	del	dello	della	dei	degli	delle	dell'
Da	dal	dallo	dalla	dai	dagli	dalle	dall'
Su	sul	sullo	sulla	sui	sugli	sulle	sull'
In	nel	nello	nella	nei	negli	nelle	nell'
Con							
Per							
Fra/Tra							

• 예를 봅시다.

Io scrivo le frasi **alla** lavagna.

Voi scrivete le frasi **sul** quaderno **con la** penna o **con la** matita.

Sul tavolo c'è un libro, un quaderno, una penna e una matita.

Vicino **al** tavolo c'è una sedia.

Sulla sedia c'è una borsa.

Che cosa c'è **nella** borsa di Mara?

Mara scrive **nel** quaderno le frasi italiane.

Con il braccio spinge la borsa.

Dalla borsa cadono **degli** oggetti.

부분관사

1. '약간의, 몇몇의' (=some)라는 뜻
2. 전치사 di + 정관사를 더한 전치사관사를 이용한다: del, dello, della, dei, degli, delle, dell'

   예 Ci sono degli oggetti sul tavolo.

c'è / ci sono (...가 있다)

c'è + 단수 : C'è uno specchio.
ci sono + 복수 : Ci sono delle chiavi.

<table>
<tr><td rowspan="2">Nella borsa</td><td>C'è
(there is)</td><td>il quaderno
il pettine
lo specchio</td><td rowspan="2">di</td><td rowspan="2">Mara</td></tr>
<tr><td>Ci sono
(there are)</td><td>le penne
i libri</td></tr>
</table>

Esercizio 4

Modello: Il libro azzurro è dello studente.
I libri azzurri sono degli studenti.

1) La penna gialla è della signorina.
2) Il fiore è nel vaso.
3) Sul tavolo c'è il libro d'italiano.
4) Nella stanza c'è un quadro.
5) Il giornale è sulla sedia.
6) Lo studente è seduto davanti alla lavagna.
7) Il foglio è sul banco.
8) La borsa è nell'aula.

예술과 문화

르네상스를 꽃피운 예술의 나라 이탈리아!

미켈란젤로, 레오나르도 다빈치, 라파엘로, 베르디, 푸치니, 롯시니, 비발디…

이러한 예술가들의 이름만 열거해도 이탈리아 예술의 위대함이 느껴진다.

이탈리아의 예술과 학술의 특징은 라틴정신인 리얼리즘을 기조로 하여 가톨릭교의 영향을 받아 발전하였다고 볼 수 있다. 자치도시 중심 사회에서 통일국가 형성에 이르는 역사적 변천을 배경으로 하면서 문예의 지방분산주의적 전통을 반영하고 있다.

외국과의 전쟁이 끊임없던 11~13세기경 특히 북부 이탈리아의 각 도시는 성벽을 쌓아 외적을 방어하였으며 자기의 이익을 위하여 사법 · 군사 그 밖의 제도를 자체적으로 갖추고 정부를 수립하였다. 이것이 자치도시 '코무네(commune)'로서 중세에서 르네상스기에 걸쳐 북부 이탈리아 · 중부 이탈리아 · 남부 이탈리아와 가톨릭교 총본산인 로마 등을 중심으로 해서 독특한 발전을 하였다. 코무네의 성립은 한편으로는 외국세력의 지배로부터 독립하는 실마리가 되었으며, 다른 한편으로는 조상의 유산을 전승하여 문학적 기초를 구축하였다. 그러나 코무네의 발달은 지방분산성을 육성하여 각기 다양한 문화를 낳는 결과를 끌어냈다.

이러한 배경으로 르네상스기(期)에 나타난 지방색을 지금의 건축양식에서 찾으면 3개의 특색이 있다. 토스카나를 중심으로 해서 로마 · 중부 이탈리아 지방에는 간소 · 고귀 · 순수를 과시하는 피렌체파(派)와, 밀라노 · 파비아 · 브레시아를 중심으로 하는 북서부 지방에는 환상 · 광장(廣壯) · 장식을 자유롭게 도입한 롬바르디아파 그리고 베네치아 · 라벤나 · 베로나를 포함하는 북동부 지방에는 고대적 요소와 동방적 요소를 조화시켜 회화적(繪畫的) 효과를 나타낸 베네치아파가 있다.

그림에서는 피렌체를 중심으로 하는 중부 이탈리아에서 보티첼리 · 리피 · 시뇨렐리가 나타나 피렌체파의 전통에 나타난 사실적(寫實的) 경향과 정열적(情熱的) 경향과의 결합을 시도하여 이상주의적인 미(美)를 추구하였다. 그리고 르네상스를 상징하는 레오나르도 다 빈치, 미켈란젤로, 라파엘로의 3대 화가를 배출하였다. 한편 베네치아는 베네치아파의 거장인 티치아노, 틴토레토, 베로네세 등이 나와 색채의 풍만, 구도의 복잡 등 피렌체파와 전혀 다른 특징을 발휘하였다.

문학으로는 단테에 이어 시인이자 인문학자인 페트라르카가 나타났다. 16세기는 이탈리아 문학의 황금시대로 문학작품은 다방면으로 특히 시(詩)에서 그 우수성이 나타났다. 이것은 15세기 후반의 정치가이자 시인인 메디치가의 로렌초가 스스로 학예를 보호한 것에 힘입은 바 크다. 그리고 이 기간에 풀치, 보이아르도, 아리오스토, 탓소 등과 같은 시인을 배출한 것 외에도 그리스 신화에서 더 활로를 찾을 수 없는 상태에 빠져 있던 종교극(宗敎劇)을 해방하고 희비극(喜悲劇) · 전원극(田園劇), 나아가 가극(歌劇)으로 발전하는 연극의 길을 연 서정시(敍情詩) 극작가인 폴리치아노를 배출하였다.

사상적인 면에서는 레오나르도 다 빈치, 갈릴레이가 나와 자연과학의 발전에 공헌했으며, 그 외에 브루노, 캄파 넬라는 자연과학적 · 형이상학적인 철학체계를 세웠다. 한편, 교회의 세력이 강대함을 과시하고 있을 때 마키아벨리는 국가가 형식적으로 교회에 종속하는 것에 반대하고 국가와 교회의 정치적 · 도덕적 권력의 문제를 제기하여 국민적 자각을 일깨웠다.

이탈리아는 문화 예술과 수많은 기념물들로 잘 알려져 있다. 피사의 사탑과 로마의 콜로세움 등의 역사적 건축물과 이탈리아 음식(피자, 파스타 등), 포도주, 생활 양식, 우아함, 디자인, 영화, 연극, 문학, 시, 미술, 음악(특히 오페라), 관광 등은 이탈리아를 세계적 문화국가로 만들었다.

유럽의 르네상스 시대는 14세기와 15세기에 이탈리아에서 시작되었다. 페트라르카, 토르콰토 타소, 루도비코 아리오스토의 시와 조반니 보카치오, 니콜로 마키아벨리, 발다사레 카스틸리오네의 산문은 서양 문학의 발달에 지대한 영향을 끼쳤다. 이는 레오나르도 다 빈치, 라파엘로 산티, 산드로 보티첼리, 프라 안젤리코, 미켈란젤로 등의 거장들을 배출한 회화와 조각, 건축 부문에서도 마찬가지였다. 현대 미술가로는 조각가 톰마소 제라치가 알려져 있다.

이탈리아의 작곡가 몬테베르디, 팔레스트리나, 비발디 등은 한 시대를 풍미했고 19세기에는 조아키노 로시니, 주세페 베르디, 자코모 푸치니 등의 작곡가들에 의해 이탈리아의 낭만주의 오페라가 전성기를 구가했다. 현대의 이탈리아 미술가들과 작가, 영화 감독, 건축가, 작곡가, 디자이너 등도 오늘날 서양 문화에 크게 이바지하고 있다.

16~17세기는 이탈리아의 타락, 굴욕의 시대였다. 그러나 정치적으로 가장 쇠약한 17세기에도 이탈리아는 바로크 예술의 독창성을 과시하였으며 회화에 카라바조, 조각 · 건축에 베르니니 등을 배출하였다. 음악에서도 놀랄 만한 발달을 보여, 가극발흥운동(歌劇發興運動)은 17~18세기에 걸쳐서 나폴리에서 정수를 열었다. 나폴리에서는 벨칸토 창법이라는 새로운 형식을 발굴했다.

18세기에 들어서 사상계에서는 근대 철학의 스승이라고 하는 비코가 나타났다. 문학에서는 파리니가 국민도덕의 진흥과 사회개량을 목적으로 시작(詩作)을 하였으며 알피에리는 애국주의의 비극을, 몬티, 포스콜로도 애국적 감정을 노래하였다. 만초니는 17세기 에스파냐가 지배한 롬바르디아 지방을 배경으로 봉건제도의 학정(虐政)에 시달리는 서민의 모습을 엄밀 · 정확한 사실(史實)에 입각하여 묘사하였으며, 외국 위정자(爲政者)의 횡포를 국민의식에 호소한 《약혼자》를 저술하였다. 그리고 레조날리즘 때문에 민족적 단결이 저지당하여 비참한 노예시대를 되풀이한 이탈리아는 해방통일운동으로서 소위 리소리지멘토(Risorgimento) 라는 국가 부흥혁명을 완수하여 근대국가로서의 이탈리아가 성립되있다.

문학에서는 국가부흥 이전에는 애국주의를 고취한 정치적 문학이 가장 융성하였지만, 그 후 애국문학의 유행은 점차 자취를 감추었다. 또 만초니의 로맨티시즘 문학의 영향을 받아서 대두한 프라티, 프라가에서 볼 수 있는 제2의 로맨티시즘은 카르두치, 파스콜리의 신고전주의(新古典主義)로 바뀌었다. 철학에서는 비코의 사상이 19세기에서 이탈리아 최대의 문예비평가 데상티스에 큰 영향을 미쳤으며, 헤겔의 흐름을 참작한 크로체의 관념적 리베라리즘과 젠틸레의 이상주의로 발전했다.

음악에서는 롯시니, 도니체티에 이어 베르디, 푸치니가 가극에서 세계를 압도하고, 미술에서는 프랑스 화단의 영향을 받아 반(反)아카데미즘의 경향을 보였다. 또 다시 나폴리 · 피렌체 · 밀라노 · 베네치아의 각지에서 지방적 특색을 발휘한다. 특히 마키아파의 시뇨리니는 색채와 광선의 감각을 훌륭하게 다루어서 토스카나 지방 풍경의 특색을 그렸으며 에밀리아파의 폰다네지는 알프스 산록의 자연을 서정적으로, 또 세간티니는 알프스의 인상적 풍경을 색채분리법에 의한 회화기법으로 그리는 데 성공하였다.

▲ Leonardo Da Vinci 레오나르도 다빈치

▲ Raphael 화가 라파엘로

▲ 르네상스시대의 대문호 단테 : 신곡을 쓴 사람

▲ 과학자 : 갈릴레오

▲ 주세페 베르디

▲ 오페라 작곡가 롯시니

▲ The Colosseum in Rome, 콜롯세움

▲ 피사의 사탑

Unità 5 È un libro? No, non è un libro, è un quaderno.

Mariella È un libro?

Paola No, non è un libro, è un quaderno.

Mariella Questo quaderno è il tuo?

Paola No, non è il mio quaderno.

Mariella Allora, di chi è questo?

Paola È di Silvio.

단어

- libro 책
- quaderno 공책
- allora 그러면
- questo 이것(분)
- chi 누구

해석

책입니까? 아니요, 책이 아니라 공책입니다.

마리엘라: 책이니?

파올라: 아니 책이 아니라 공책이야.

마리엘리: 이 공책은 네거니?

파올라: 아니, 내 공책이 아니야.

마리엘라: 그러면 이것은 누구 거니?

파올라: 실비오거야.

회화연습 5

È un libro? No, non è un libro, è un quaderno.

1. Silvia / Maria
2. passaporto / portafoglio
3. giapponese / coreana
4. borsa / valigia
5. mela / pomodoro

소유격

1. 소유형용사=소유대명사의 형태가 같다.
2. 소유하는 사람인 주어의 성, 수에 일치시키는 게 아니라 피소유물의 성, 수에 일치시킨다.

il	mio tuo suo nostro vostro loro	amico 남자 친구 passaporto 여권 ombrello 우산

la	mia tua sua nostra vostra loro	amica 여자 친구 camera 방 famiglia 가족

i	miei tuoi suoi nostri vostri loro	zaini 배낭들 studenti 학생들 regali 선문들

le	mie tue sue nostre vostre loro	case 집들 borse 가방들 scarpe 신발들

소유형용사 + 단수 가족명사(단 loro는 제외)

	mio tuo suo nostro vostro	padre 아버지 fratello 남자형제 zio 삼촌 nonno 할아버지 cugino 사촌 nipote 손자, 조카 padre 아버지 fratello 남자형제 zio 삼촌 nonno 할아버지 cugino 사촌 nipote 손자, 조카
il	loro	

	mia tua sua nostra vostra	madre 어머니 sorella 여자형제 zia 숙모 nonna 할머니 cugina 사촌 nipote 손녀, 조카 madre 어머니 sorella 여자형제 zia 숙모 nonna 할머니 cugina 사촌 nipote 손녀, 조카
la	loro	

Esercizio 5

Modello: Ho preso il tuo giornale.
Ho preso i tuoi giornali.

1) Dov'è la mia valigia?
Dove sono ______________?

2) Il mio amico arriva stasera da Roma.
______________ arrivano stasera da Roma.

3) Ecco la tua matita e la tua penna.
Ecco ______________________________.

4) Paolo è andato al cinema con la sua amica.
Paolo è andato al cinema con ______________.

5) Voglio presentare a Paolo il mio professore.
Voglio presentare a Paolo ______________.

6) Mio fratello studia l'italiano in Italia.
______________ studiano l'italiano in Italia.

7) Mia sorella parte per l'Inghilterra domani mattina.
______________ partono l'Inghilterra domani mattina.

8) Sua figlia studia lo spagnolo a Madrid.
______________ studiano lo spagnolo a Madrid.

오페라

오페라(opera)라는 단어는 이탈리아어로 "작품"이라는 뜻이며, 같은 뜻의 라틴어 opus에서 왔다. 이 이름이 독창자와 합창자의 노래와 연기와 춤을 무대 위에서 펼친다는 의미를 담고 있다. 야코포 페리(Jacopo Peri)의 〈다프네(Dafne)〉가 현재로는 오페라의 첫 작품이라고 받아들여지고 있다. 1597년경에 쓰였으며 피렌체의 휴머니스트 지식인들이 결성한 Camerata de' Bardi에서 영감을 얻었다. 〈다프네〉는 고전 그리스 극을 되살리자는 르네상스적인 운동에서 시작되었다. 카메라타의 일원들은 그리스 드라마의 "코러스"(chorus : 그리스 드라마의 노래 부분) 파트를 맡았고 모든 역할의 대본까지도 그대로 사용했을 것이다. 오페라는 이러한 상황을 "재해석"하는 방식으로 이해되었다. 현재 〈다프네〉는 전해지지 않는다. 페리의 그 후 작품인 1600년경에 작곡된 〈에우리디체〉가 현재 전해지는 가장 오래된 작품이다. 현재 정식으로 상연되는 초기 오페라의 대표적인 작품은 클라우디오 몬테베르디의 〈오르페오〉이며, 이는 1607년 만토바 궁정에서 작곡했다.

이탈리아의 오페라 작품은 오페라 가수로 하여금 뛰어난 가창 실력을 발휘하도록 만들어진 벨칸토 창법이 발달하였다. 벨칸토는 '아름다운 노래'라는 뜻으로 극적인 표현보다 아름다운 소리와 부드러운 가락에 중점을 두고 곡조가 자연스럽게 넘어가도록 부르는 창법이다. 구성 면에서는 고대의 영웅 이야기를 엄숙하게 풀어낸 정통 비극 장르인 '오페라 세리아', 오페라 세리아 막간에 상연되는 익살스러운 성격의 '인테르메초', 인테르메초의 인기가 높아지자 따로 독립된 희극 장르로 발달한 '오페라 부파' 등이 이탈리아 오페라의 전통적인 형식이 되었다.

17세기 후반부터 18세기에 걸쳐서의 오페라 세리아에서는 음악이 극에 우선하고 성악성(聲樂性)의 존중과 함께 벨칸토창법이 발전하여 서창(敍唱)과 아리아의 구별이 명확해지고 음악형식도 정비되었다. 오페라부파는 희극적 성격에 의하여 다소 인습화되어 있던 세리아 중심의 오페라계에 신풍을 기져왔고, 희극적인 저음의 역할을 정착시켰으며 중창의 효과도 충분히 살렸다.

오페라 부파는 그 비극적 성격과 함께 예컨대 이탈리아어의 대본에 의한 모차르트의 오페라 등의 창작에 커다란 자극을 주었다. 19세기의 이탈리아음악계는 거의 오페라의 세계만이 활기를 띤 감이 있었기 때문에 이탈리아는 오페라의 나라라는 인상이 생겼고 나아가서는 이 시대의 작품이 이탈리아 오페라를 대표하게 되었다. 낭만파 초기의 오페라는 주인공의 넘쳐 흐르는 듯한 가창이 매력의 중심이 되어 있었다고 할 수 있다. 오페라 전체에 있어서 가창을 우위에 둔 것은 베르디나 푸치니에 이르기까지 변함 없었다.

점차 오페라는 각국으로 옮겨졌는데, 프랑스에서는 륄리, 라모 등이 나타나고, 오페라의 프랑스 양식을 확립했다. 영국에서는 퍼셀이, 순수 오페라로서는 하나 뿐이지만 〈디도와 에네아스〉라는 걸작을 남겼다. 독일에서는 쉬쯔가 〈다프네〉에 작곡을 시도했으나, 일반은 이탈리아 오페라에 젖어 있었으며, 다만 함부르크에서만 독일 오페라가 번성했다. 헨델의 천재성은 오라토리오에 있다고 보는데, 오페라도 다분히 오라토리오적이며, 40편 이상의 오페라를 남겼다.

글룩은 오페라에 있어 극과 직접 관계가 없는, 가수의 목청을 울리게 할 뿐인 불필요한 장식을 없애고, 극과 음악의 통일성이라는 점에서 대개혁을 단행했다. 〈오르페우스〉(1762) 이후의 작품(〈알체스테〉, 〈아울리스의 이피게니아〉 등)은 그의 개혁 정신을 실현한 훌륭한 것이다. 모차르트는 이탈리아 오페라의 테두리 안에 독일 음악의 정신을 넣어 뛰어난 오페라를 수많이 남겼다. 〈피가로의 결혼〉, 〈돈지오반니〉, 〈여자는 다 이런 것〉 등은 대개 오페라 부파의 형식을 밟았고, 〈후궁으로부터의 유괴〉, 〈마적〉을 남겼다.

베토벤은 단 하나의 오페라인 〈피델리오〉가 있다. 베버의 〈자유의 사수〉에 의해 독일 낭만파 오페라가 시작된다. 한편 이탈리아에서는 파이지엘로나 치마로자(〈비밀 결혼〉)같은 나폴리 악파의 작곡가들이 명성을 떨쳤다. 19세기로 들어서 롯시니(〈세빌리아의 이발사〉), 도니젯티(〈루치아〉), 벨리니(〈몽유병에 걸린 여자〉, 〈노르마〉)의 3대 거성이 현대로 이어지는 이탈리아 오페라의 양식을 완성시켰다. 프랑스에서는 19세기 전반부터 그랜드 오페라 양식이 성행하고 마이어베어가 활약했다.

또 오페라 부파 계통에서는 오페라 코미크가 생겼으며, 보엘디외나 오베르(≪프라 디아볼로≫)가 사랑스런 작품을 남겼다. 독일에서는 로르찡, 니콜라이 (〈윈저의 명랑한 아낙네들〉), 플로토(〈마르타〉) 같은 낭만파 오페라의 뒤를 이어 바그너가 과거의 오페라 양식과는 다른 악극을 대성했다.

그는 그 때까지와 같은 번호 오페라를 배척하고 무한선율을 사용해서 음의 흐름을 일관시켰으며, 지도동기(=라이트모티프)를 사용해서 음악에도 극의 발전을 깊게 도울 수 있도록 했다. 그의 대표

작은 〈방황하는 네덜란드인〉, 〈탄호이저〉, 〈뉘른베르크의 마이스터징거〉, 〈니벨룽겐의 반지〉, 〈파르지팔〉이다. 이탈리아에서는 바그너와 같은 해에 태어난 베르디가 수많은 걸작(〈리골레토〉, 〈트라비아타〉, 〈트로바토레〉, 〈아이다〉, 〈오텔로〉, 〈팔스타프〉)을 남겼다.

프랑스에서는 19세기 후반에 구노(〈파우스트〉)나 토마(〈미뇽〉)가 우아한 오페라를 남겼다. 그러나 일반적으로는 신선미가 결여된 오페라가 많았는데, 이 침체 분위기를 깨뜨린 것이 비제이며, 〈카르멘〉 등에서 알 수 있듯이 그의 음악은 직설적이고 참신했다. 마스네는 우아하고 서정적인 작풍을 보였다. 19세기 중엽부터는 러시아에도 뛰어나 오페라가 나타났는데, 글린카(〈황제에게 바친 목숨〉), 다르고므 이시스키, 차이코프스키(〈에브게니 오네긴〉), 보로딘(〈이고르공〉), 무소르그스키(〈보리스 고두노프〉) 등이 우수한 오페라를 썼다. 또 체코슬로바키아의 스메타나 작품 〈팔려간 신부〉나 야나첵의 〈예누파〉 등은 국내외도 널리 알려져 있다.

19세기 말에는 이탈리아에 베리즈모의 경향이 나타났으며, 마스카니 (〈카발레리아 루스티카나〉)나 레온카발로(〈팔리아치〉)가 대표적인 작품을 썼다. 그러나 〈보엠〉, 〈토스카〉, 〈나비 부인〉 등의 푸치니가 인기 있는 작품을 가장 많이 썼다. 볼프 페라리는 오페라 부파를 근대적으로 부활시켰다. 독일에서는 리햐르트 시트라우스 (〈살로메〉, 〈엘렉트라〉, 〈장미의 기사〉)가 근대에 있어 가장 커다란 존재이다.

베르디는 낭랑한 선율과 노래의 매력을 충분히 살려가면서도 모든 음악수단을 통하여 오페라의 극으로서의 측면을 강조하여 허식을 배제하고 오페라에서 인간적인 진실을 구하려고 하였으며 그러한 진실주의의 여러 작품도 이 방향으로 나아갔다.

푸치니는 진실주의적인 사상에서 출발하면서 선율과 극과의 훌륭한 통일에 성공하였으나, 현대적인 이탈리아 오페라는 부소니의 약간 고전적인 인생의 관조 및 음형화(音形化)와 더불어 시작되었다고 할 수 있을 것이다. 현대에도 많은 이탈리아의 작곡가는 극장에 대하여 커다란 관심을 갖고 있으며, 각기 방향은 달라도 일반적으로 음악을 통하여 인간의 드라마를 표현하려고 노력하고 있다. 그리고 이탈리아에서도 오늘날 오페라 극장의 유지는 곤란한 듯하나 대극장에 있어서의 연주수준은 일반적으로 매우 높다.

Unità 6

La tavola apparecchiata per due.

Descrizione

La tavola è apparecchiata per due. Ogni persona ha un piatto, a sinistra del piatto c'è la forchetta, a destra il coltello e il cucchiaio. Sul piatto c'è il tovagliolo. Sulla tavola c'è una bella tovaglia bianca.

Nella bottiglia c'è il vino. Nella caraffa c'è l'acqua. Davanti al piatto ci sono due bicchieri.

Al centro della tavola c'è un candeliere con due candele.

단어

- tavola 식탁
- per 위하여
- due 2(둘)
- apparecchiare 차리다, 준비하다 (p.p. apparecchiato)
- ogni 모든, 각각의
- persona 사람
- piatto 접시, 요리
- sinistra 왼쪽
- destra 오른쪽
- forchetta 포크
- coltello 칼
- cucchiaio 수저
- tovagliolo 냅킨
- tovaglia 식탁보
- bianco 하얀
- bottiglia 병
- vino 포도주
- caraffa 물병
- acqua 물
- davanti 앞에
- bicchiere 잔
- centro 중앙
- candeliere 촛대
- candela 초
- davanti a ~ 앞에

해석

식탁이 두 사람을 위해 차려져 있다.

식탁이 두 사람을 위해 차려져 있다. 각자는 접시를 갖고 있고, 접시 왼쪽에는 포크가 있고, 오른쪽에는 칼과 수저가 있다. 접시 위에 냅킨이 있다.

식탁 위에 예쁜 흰 식탁보가 있다.

병에는 포도주가 있다. 물병 속에는 물이 있다. 접시 앞에는 두 개의 잔이 있다. 식탁 중앙에는 두 개의 양초가 꽂힌 촛대가 있다.

Dipingere : 위의 글을 그림으로 묘사해 봅시다.

c'è (ci è) + 단수명사 = there is / ci sono + 복수명사 = there are (4과 참고)

C'è una borsa sul banco. 책상 위에 가방이 있다.

Ci sono le penne nella borsa. 가방 속에 펜들이 있다.

Esercizio 6

Modello: Nella valigia c'è una camicia.
Nella valigia ci sono due camicie.

1) Nella stanza c'è un armadio.

2) Sul tavolo c'è un libro e un giornale.

3) Sul banco c'è un quaderno.

4) Alla parete c'è un quadro.

5) Nella borsa c'è una penna e una matita.

6) Nella macchina c'è una signora giovane.

7) Sulla sedia c'è una borsa.

8) Sul soffitto c'è una lampada.

영화

이탈리아에는 베네치아에서 열리는 베니스 국제 영화제가 있는데 이미 70회가 넘어서고 있으며, 이탈리아의 북부도시 우디네에서 개최되는 우디네 극동 영화제를 비롯하여 토리노에서 개최되는 시네맘비엔테 환경영화제, 로마영화제, 다양한 장르의 한국영화를 이탈리아에 소개하는 피렌체 한국영화제, 볼로냐에서 개최되는 세계 4대 환타지 영화제에 속하는 퓨쳐필름 영화제가 있다. 이런 영화제의 명성에서도 이탈리아 사람들의 영화에 대한 관심은 역사가 있다.

이탈리아 영화는 세 시기로 나눠 볼 수 있다. 영화 탄생 시기부터 무성영화의 황금시대에 이르기까지 제1기(시기적으로는 20세기 초부터 제1차 세계대전 말기까지), 이탈리아가 파시즘 독재시대를 맞이한 때부터 제2차 세계대전 말기까지의 제2기, 그리고 전후 국제적 지위를 획득한 제3기 등이다.

제1기의 것으로는 암브로시오가 제작한 스펙터클한 사극(史劇) 《폼페이 최후의 날》(1908)이 있다. 웅장하고 화려한 사극영화가 일세를 풍미하여 이탈리아 영화의 황금기라고 할 수 있는 한 시기를 이루었다. 사극 제작의 정점은 문호 가브리엘레 단눈치오 원작에 피에로 포스코가 감독하여 1913년 발표된 《기비리아》이다. 관객을 압노하는 거대한 세트, 군중(群衆) 장면의 능숙한 처리, 주인공의 박력 있는 연기와 이동촬영이나 클로즈업 등의 새로운 영화기법은 《카비리아》를 무성영화의 정점에 올려놓았다.

이 시대는 영화기술의 발견 시대이기도 하거니와, 또한 스타 시스템이 확립된 시대이기도 하였다. 요염한 아름다움으로 많은 관객을 끌어들인 스타들, 즉 프란체스카 베르티니, 피나 메니켈리,

리다 보렐리, 마리아 야코비니, 이탈리아 아르미란테 만치니 등 영화사(映畵史)에 남을 만한 미녀 스타들이 배출되었다.

사극(史劇)의 융성에 이어 이 시기가 끝날 무렵에는 현대극의 융성기가 시작된다. 이탈리아인의 국민성을 한마디로 말하여 현실주의적이라고 하거니와, 그 현실성이 현대극에서는 특히 두드러지게 나타나, 전후의 네오레알리스모 탄생과 연결된다. 니노 마르트리오의 《어둠속에 떨어진 사람들》(1914)은 특히 네오레알리스모적 작품으로, 이 작품에서 네오레알리스모의 먼 연원(淵源)을 찾는 사람도 있다.

이 무렵부터 이탈리아 영화는 능숙한 직업배우에 의한 극의 재미를 보여주는 스타영화와, 스타에 의존하지 않은 리얼리즘 영화의 두 경향을 분명하게 나타내기 시작하였다. 따라서 이 경향은 그 후 이탈리아 영화의 두 갈래 주류를 이루었다. 제1차 세계대전 후 미국 영화와 신흥 독일 영화가 이탈리아 영화의 왕좌를 빼앗고, 이 때부터 이탈리아 영화는 쇠퇴기에 접어든다.

특히 독일의 신비적 사극은 화려하기만한 종래의 이탈리아 영화를 완전히 압도하였고, 세계시장뿐만 아니라 이탈리아 국내 시장도 휩쓸 추세였다. 21년 무솔리니의 파시스트당이 정권을 장악하면서 이탈리아는 파시즘의 독재정치 체제로 들어갔다. 따라서 영화는 약간의 예외를 제하고는 2류나 3류로 떨어졌다.

이와 같은 결과의 원인은 독일 영화의 공세에 대처하기 위해 만들어진 '이탈리아 영화연합'의 엉성한 운영 탓도 있지만 무엇보다 파시즘 정권에 의한 무리한 국책영화(國策映畵)의 추진이 원인이었다. 독재자 무솔리니의 취향에 맞는 장대한 스펙터클 영화의 제작이나 애국적 전쟁영화의 제작이 판을 치는 한편, 알렉산드로 블라세티, 마리오 카메리니, 아우그스트 제니나, 젠나로 리게리 등 일류 감독에 의한 양심적이고 예술적인 작품도 있었다.

특기할 만한 일로는 무솔리니에 의한 네 가지 영화정책이 독재자의 본의와는 반대로 전후(戰後) 이탈리아 영화가 국제적으로 비약하는 데 큰 공헌을 했다는 사실이다. 그 하나는 교육 · 과학영화제작기관인 루체의 창립(1924)이다. 뉴스 · 기록 영화의 실제를 여기서 배우게 되었다. 또 하나는 베네치아영화제의 개시(1932)이다. 영화의 국제적 교류가 여기서 이루어지고, 영화인의 시야를 넓혔다.

그리고 가장 중요한 첸트로 스페리멘탈레 디 치네마토그라피아(Cèntro Sperimentale di Cinematografia : 영화실험센터)의 개소(開所)이다.

끝으로 또 하나는 영화도시 치네치타의 설립(1937)이다. 이 완비된 촬영소가 전후 이탈리아 영화의 부흥에 커다란 공헌을 한 것은 당연한 일이다. 그 중에서도 영화실험 센터는 네오레알리스모의 온상(溫床)이 되었는데, 이 곳에서는 영화 이론가 움베르토 바르발로와 루이지 키아리니가 젊은 영화학도들을 육성하였다. 비록 파시즘 정권하이기는 하였지만 그들은 상상 이상으로 자유스러운 분위기에서 외국의 지식을 흡수하고, 또한 외국의 영화인과 이론 · 연구를 교환하고 연구의 실제를 배웠다. 특히 소련의 몽타주 이론과 영국의 다큐멘터리즘 연구는 후일의 네오레알리스모 발전의 기반이 되었다. 네오레알리스모의 싹은 이미 제2차 세계대전 중 찾아볼 수 있었다.

많은 국책영화에 섞여 알레산드로 블라세티가 《구름 속의 산책》(1942)을, 비토리오 데 시카가

《어린이들은 보고 있다》(1943)를, 그리고 루키노 비스콘티가 네오레알리스모의 여명(黎明)을 연 작품이라고 일컬어지는 《망집(妄執)》(1942)을 발표하였다. 45년 로베르토 로셀리니는 네오레알리스모의 걸작인 《무방비도시(無防備都市)》를 전진(戰塵)이 아직 가시지 않은 로마에서 완성하였다. 로셀리니는 가혹한 조건 속에서 만들어진 이 작품에 이어 《전화(戰火)의 피안(彼岸)》을 발표, 명실공히 네오레알리스모의 제1인자가 되었다. 같은 무렵 데 시카는 각본가인 체자레 차바티니와 함께 《구두닦이》 《자전거 도둑》을, 루이지 잠파는 《평화에 살다》를, 그리고 주제페 데 산티스는 《황야의 포옹》을, 루키노 비스콘티는 《대지는 흔들린다》 등 수많은 네오레알리스모의 걸작들이 속속 발표되어 이탈리아 영화는 단연 전후(戰後) 세계 영화의 선두를 달리기 시작했다.

네오레알리스모는 다큐멘터리즘을 바탕으로 한 '상황(狀況)의 리얼리즘'이라고 하여 동시대(同時代)를 기록하는 것으로 알려졌다. 그러나 네오레알리스모는 별도로 하나의 운동체(運動體)로 발전한 것이 아니고, 작가 개개인이 전후의 이면 충동에 의해 만든 작품들의 공통적인 경향으로서 나타난 것이다.

따라서 전후의 혼란시대가 끝나면서 네오레알리스모도 여러 갈래로 갈려 다극화(多極化)현상을 보이기 시작한 것은 당연하다고 볼 수 있겠다. 《달콤한 생활》 《8½》의 페데리코 펠리니, 《붉은 사막》 《욕망》의 미켈란젤로 안토니오니, 《진실의 순간》의 프란체스코 로시, 《국경은 타고 있다》의 발레리오 추를리니, 《기적(奇蹟)의 언덕》의 피에르 파올로 파솔리니, 《알제의 싸움》의 질로 폰테코르보, 그 밖에 피에트로 제르미, 마우로 볼로니니, 카를로 리차니, 프란체스코 마셀리 등 이탈리아 영화감독은 다극화의 양상을 여실히 드러내었다. 특히 P. 파졸리니의 《소돔의 120일》, B. 베르톨루치의 《파리에서의 마지막 탱고》 《1990년》 등이 높이 평가된다. 또한 기록영화에서 잔혹(殘酷)붐을 일으킨 과르티에로 야코페티, 《황야의 호위군》으로 이탈리아 서부극의 명성을 세계에 떨치게 한 세르지오 레오네 등을 빼놓을 수 없다.

이탈리아 영화는 크게 세 시기로 나눌 수 있다. 제1기는 영화 탄생 시기부터 무성 영화 시대까지, 제2기는 파시즘 독재를 통과하던 시기, 제3기는 전후 국제적 지위를 얻은 시기이다. 이탈리아 영화의 전통은 스펙터클 서사극에서 찾을 수 있다. 1기에는 웅장하고 화려한 서사극이 전성기를 이뤘다. 이 시기는 영화 기술이 발견되고 스타 시스템(star system)이 확립된 시대이다. 1921년 무솔리니의 파시즘 정권이 권력을 장악하면서 이탈리아 영화는 암흑기를 맞았다. 무솔리니는 독일 영화의 공세에 대처하기 위해 이탈리아 영화연합을 결성했지만 운영이 체계적이지 못했다.

파시즘 정권의 영화 정책은 국책 영화와 무솔리니의 취향에 맞는 스펙터클 서사극에 힘을 실어 주는 게 고작이었다. 무솔리니는 이탈리아 영화를 크게 위축시켰지만 영화 자체에 관심이 많았기 때문에 그 외연을 넓히는 데는 기여했다. 그는 1924년 교육 · 과학 영화 제작 기관을 창립하고 뉴스와 기록 영화를 다수 제작했는데 많은 감독들이 여기서 다큐멘터리의 실제를 익혔다. 또한 정치적인 목적이 있기는 했지만 1932년 베니스 국제 영화제(Venice International Film Festival)를 창설해 세계 영화의 흐름에 대처하고 영화인들의 안목을 확장하는 계기를 마련했다. 또한 '영화의 도시'라 불린 대규모 스튜디오 '치네치타'(Cinecitta)를 만들어 영화 제작의 토대를 완벽히 갖췄다.

2차 세계대전을 전후해 이탈리아에서는 세계 영화사에 혁명적인 변화를 예고하는 일련의 흐름이 싹트고 있었다. '전쟁'이라는 가혹한 현상에 직면, 객관적 현실에 대한 엄정한 자각을 신념으로 하는 신사실주의 즉 네오리얼리즘의 출현이었다. 1940년대 이탈리아는 폐허와 잿더미에 둘러싸여 있었다. 영화계 역시 파시즘의 선전 영화나 '백색전화 영화'(white telephone films)라고 불린 부르주아의 통속 멜로드라마가 영화계를 장악하고 있었다. 대중들의 눈은 현실로부터 점점 멀어지고 있었다.

1940년대 중반 이탈리아에서는 이 같은 도피주의적 경향을 일신하고 인간이 처한 엄혹한 현실에 눈을 돌리게 만드는 영화들이 나왔는데 이를 네오리얼리즘이라 불렀다. 네오리얼리즘의 효시는 루키노 비스콘티(Luchino Visconti) 감독의 〈강박관념〉(Ossessione, 1943)이다. 그 후 비토리오 데시카(Vittorio De Sica) 감독의 〈자전거 도둑〉(The Bicycle Thief, 1948), 로베르토 로셀리니(Roberto Rossellini) 감독의 〈무방비 도시〉(Open City, 1945), 〈전화의 저편〉(Paisan, 1946), 비스콘티 감독의 〈흔들리는 대지〉(The Earth Trembles, 1948) 등 전쟁으로 인한 사회적 불안, 인간성 파괴의 현실을 냉정한 시선으로 응시하는 작품들이 양산됐다.

네오리얼리즘이 가능했던 것은 전후 이탈리아의 특수한 사회적, 경제적 상황 때문이었다. 전쟁으로 치네치타는 폐허가 됐고 영화 제작 환경은 최악의 상태로 떨어졌다. 여의치 않은 환경 때문에 야외 촬영에 자연광으로 영화를 찍을 수밖에 없었고 비직업 배우를 기용한 것은 불가피한 선택이 되기도 했다. 최소한의 자본으로 영화를 찍어야 했던 까닭에 조명, 사운드는 조악했지만 이러한 '가난한 영화 만들기'가 새로운 미학으로 이어졌다. 프랑스 영화 평론가 앙드레 바쟁(André Bazin)은 '내용이 아닌 형식으로서의 네오리얼리즘'을 이야기하면서 '가장 순수한 형태의 영화 형식'으로 그것을 평가했다. 파탄을 맞은 경제 상황에서 가장 순수한 영화 형식이 도출되었다는 것은 아이러니이다.

전후 이탈리아 영화는 물론 세계 영화사에 네오리얼리즘이 끼친 영향력은 거의 절대적인 것이었다. 자본과 환경에 구애받지 않는 자유로운 영화 정신, 세상에 대한 치열한 문제의식과 자의식은 전후 전 세계로 번져가는 뉴시네마 운동의 모태가 됐다. 프랑스의 누벨바그(Nouvelle Vague), 영국의 프리 시네마(Free Cinema), 세계 각국의 뉴 웨이브(new wave)가 네오리얼리즘의 영향력에서 자유로울 수 없었다. 그 영향이 지대하기는 했지만 운동체적 성격이 아닌 작가 개인의 예술적 충동의 산물이었던 까닭에 네오리얼리즘의 현실적 생명력은 길지 않았다.

전쟁의 여파가 잦아드는 전후 복구기를 지나면서 이탈리아 영화계에도 새로운 경향의 영화들이 나타나기 시작했다. 이 시기 이탈리아 영화는 정치, 사회적인 관심에서 개인의 내면 속으로 방향을 선회했다. 이른바 뉴 이탈리아 영화(New Italian Cinema)의 시작이었다. 〈달콤한 인생〉(The Sweet Life, 1960), 〈8½〉(1963)의 페데리코 펠리니(Federico Fellini) 감독, 〈정사〉(The Adventure, 1960), 〈일식〉(The Eclipse, 1962), 〈붉은 사막〉(Red Desert, 1964)의 미켈란젤로 안토니오니(Michelangelo Antonioni) 감독, 〈테오레마〉(Teorema, 1968),

〈오이디푸스 왕〉(Oedipus Rex, 1967), 〈살로, 소돔의 120일〉(Salo, or The 120 Days of Sodom, 1976)의 피에르 파올로 파졸리니(Pier Paolo Pasolini) 감독, 〈혁명 전야〉(Before the Revolution, 1964), 〈순응자〉(The Conformist, 1970)를 만든 베르나르도 베르톨루치(Bernardo Bertolucci) 감독 등 이탈리아 영화는 창조적이고 혁신적인 감독들에 의해 전성기를 맞았다.

각기 다른 영화적 지향과 자의식을 보여 주었던 이들은 보편적인 사회 문제를 떠나 개인적이고 영화적인 질문에 답하기 위해 영화를 만들었다. 파졸리니의 죽음, 정치적인 영화를 만들던 베르톨루치의 노선 선회 등으로 뉴이탈리아 영화의 기운도 쇠잔해 갔다. 이즈음 등장한 것이 마카로니 웨스턴(Macaroni Western)이라 불린 혼성 수정 서부극이었다. 세르지오 레오네(Sergio Leone)로 대표되는 마카로니 웨스턴은 미국식 서부극에 대한 반작용이었고 이탈리아 영화의 전통과는 거리가 있었다. 마카로니 웨스턴에는 정통 서부극의 영웅주의와 개척 정신은 온데간데 없었고 현상금 사냥꾼들의 비열하고 음험한 욕망만이 가득했다. 레오네의 〈황야의 무법자〉(A Fistful of Dollars, 1964), 〈옛날 옛적 서부에서〉(Once Upon a Time in the West, 1968)를 비롯, 마카로니 웨스턴은 정통 서부극을 기이하게 비튼 내용과 혁신적인 스타일로 일시적인 바람을 일으켰다.

하지만 그 후 이탈리아 영화계는 특별한 경향이나 운동적 성격을 띠지 않고 소강상태에 빠졌다. 1990년대 이후 난니 모레티(Nanni Moretti), 로베르토 베니니(Roberto Benigni) 같은 소수 감독이 이탈리아 영화의 존재를 확인시켜 주고 있을 뿐이다.

Unità 7 Ciao!

Francesca	Ciao, Paola!
Paola	Ciao, Francesca!
Francesca	Come stai?
Paola	Bene, grazie e tu?
Francesca	Bene. Paola, questo è signor Muli. È il mio professore d'italiano. Signor Muli, questa è la mia amica, Paola.
Paola	Piacere, signor Muli.
Signor Muli	Piacere, Paola.
Francesca	Dove va, signor Muli?
Signor Muli	All'università. Arrivederci.
Francesca e Paola	ArrivederLa. Ci vediamo a mercoledi.

단어

- ciao 안녕
- come 어떻게
- stare 있다, 존재하다
- bene 좋아
- grazie 고마워
- e 그리고
- questo(a) 이것(사람)
- professore 교수님
- amica 여자친구
- piacere 반갑습니다
- dove 어디에
- va-andare (가다) 동사의 3인칭 단수형(66쪽 참조)
- università 대학교
- Arrivederci 잘가 (격식을 갖추지 않는 사이)
- ArrivederLa 안녕히 가세요 (격식을 갖추는 사이)
- mercoledì 수요일

해석

안녕!

프란체스카: 안녕, 파올라!
파올라: 안녕, 프란체스카!
프란체스카: 어떻게 지내?
파올라: 좋아, 고마워, 너는?
프란체스카: 좋아. 파올라, 이 분은 물리 선생님이셔. 나의 이탈리아어 교수님이야.
물리 선생님, 얘는 나의 여자 친구 파올라입니다.
파올라: 반갑습니다, 물리 선생님.
물리 선생님: 반가워요, 파올라.
프란체스카: 어디 가세요, 물리 선생님?
물리 선생님: 대학에 가요. 잘가요.
프라체스카와 파올라: 안녕히 가세요. 수요일에 뵙겠습니다.

회화연습 7

Questo è mio zio, Mario Rossi. Piacere.

1. mio cugino, Gianni
2. mia moglie, Sandra
3. la mia spagnola amica, Rosita
4. mia nipote, Caterina
5. mio padre

요일 I giorni

Ci sono sette giorni in una settimana: lunedì, martedì, mercoledì, giovedì, venerdì, sabato, domenica

Che giorno è oggi? 오늘은 무슨 요일입니까?
Oggi è mercoledì. 오늘은 수요일입니다.

월 I mesi

Ci sono dodici mesi in un anno: gennaio, febbraio, marzo, aprile, maggio, giugno, luglio, agosto, settembre, ottobre, novembre, dicembre

In che mese siamo? 몇 월인가요?
Siamo in maggio. 5월입니다.

계절 Le stagioni

Ci sono quattro stagioni in un anno: primavera, estate, autunno, inverno

Quale stagione preferisci? 너는 무슨 계절을 좋아하니?
Preferisco l'estate. 나는 여름을 좋아해.

Esercizio 7

Modello: È il libro di Marta.
È il suo libro.

1) È la borsa di Gianna.
   È la ________ borsa.
2) Sono i fiori per la madre di Paolo.
   Sono i fiori per ________ madre.
3) Sul tavolo ci sono le sigarette: sono le mie.
   Sul tavolo ci sono le ________ sigarette.
4) Nella borsa ci sono gli occhiali di Mara.
   Nella borsa ci sono i ________ occhiali
5) La sorella di Luca è malata.
   ________ sorella è malata.
6) Non sono ancora arrivati i genitori di Giulia.
   Non sono ancora arrivati i ________ genitori.
7) Sei sicura che questo è il dizionario di Paolo?
   Sei sicura che questo è il ________ dizionario?
8) Hai visto la nuova macchina di Giuliana?
   Hai visto la ________ nuova macchina.

국경일과 축제

이탈리아의 국경일은 가톨릭 국가답게 국경일이 대부분 종교적인 행사와 관련되어 있음을 알 수 있다.

• 이탈리아의 국경일

1월 1일 설날(Anno Nuovo)
1월 6일 주현절(Epifania)
2월 마지막 금요일 성대한 축제(베로나)
4월 중순 성 월요일(East Monday): 부활절 후 월요일
4월 25일 해방 기념일 (Anniversario Liberazione)
5월 1일 노동절(Festa di Laboratori)
7월 16일 성 마리아 축제(나폴리)
8월 15일 성모 승천축일(Assunzione)
9월 첫째 일요일 곤돌라제(베네치아)
9월 7일 마돈나 축제(나폴리), 등불제(피렌체)
11월 1일 만성절(Festa di tutti i Santi)
12월 8일 성모 수태일(Immacolata Concepimento)
12월25일 크리스마스
12월26일 성 스테파노 축제일(Santo Stefano)

• 축제

또한 이탈리아 사람들은 전통을 중시하는 데다가 자신들의 지역에서 유래한 축제를 잘 지켜오고 있다. 그 중에서도 시에나의 팔리오 축제, 베네치아의 가면 축제인 카니발레, 베로나의 오페라 축제는 세계적인 축제라 할 수 있다.

1. 시에나의 팔리오 축제(7월 2일, 8월 16일)

팔리오 축제란 시에나의 세계적으로 아름다운 광장 중에 하나로 손꼽히는 캄포 광장을 도는 말 경주로서, '팔리오'(Palio)라는 말은 우승자에게 수여하는 '깃발'을 의미는데, 이는 자줏빛 비단 망토를 가리키는 중세 라틴어 팔리움(Pallium)에서 유래했다. 중세 자치구 시대에는 황제나 영주들이 하급 신분의 사람들에게 권한을 넘겨줄 때 망토를 양도했는데, 축제에서는 우승 자치구에 승리의 영광을 상징하는 깃발을 포상하는 것으로 변화했다. 이것이 축제를 대표하는 명칭으로 굳어져 '팔리오 축제' 또는 '팔리오 경주'라고 불리게 됐다.

축제 첫날에는 콘트라다(Contrada, 지역 · 구역) 별로 한 마리씩 대회에 참가할 말 열 마리를 고르고, 둘째 날에는 고른 말의 상태를 점검하는 시범 경기가 열린다. 셋째 날에는 광장에서 콘트라다마다 승리를 기원하는 전야제를 열어 밤늦게까지 노래하며 먹고 마신다. 그리고 마지막 날에 본격적인 경주가 열린다.

경주 당일에는 기수(Barbaresco, 바르바레스코)들이 말(Barbero, 바르베로)을 타고 시청사의 뜰에 입장한다. 이 자리에는 기수와 마부, 대표단을 포함한 30명과 말 10마리만 들어갈 수 있다. 경찰이 신호하면 기수들이 말을 타고 뜰에서 나간다. 문밖에서 기수 10명은 도시순찰대 위원이 건네는 공식 채찍을 받고 출발선까지 가게 된다. 출발선에 입장하는 순서도 이색적인데, 참가 콘트라다의 전통 문양이 그려진 구슬이 병에서 나오는 순서대로 들어서는 것이다.

축제를 준비하고 경주를 기다리는 데 걸리는 시간에 비해 경주 시간은 90여 초밖에 되지 않는다. 짧은 순간 벌어지는 경기인 만큼 콘트라다의 자존심을 걸고 벌이는 경주는 다소 공격적이어도 묵인되며, 안장 없이 말에 올라타 달리기 때문에 기수가 낙마하는 경우도 빈번하게 일어난다. 팔리오 축제는 비록 짧은 시간 진행되는 경마 경기지만 축제를 준비하고 중세로 돌아가 즐긴다는 설레임에 경기 전 준비 과정과 대회 기간 동안 거리 행렬 등 부대 행사가 더해 지면서 점차 큰 축제로 발전했다.

2. 베네치아 카니발 (2월 중순 ~ 3월 초)

인구 8만 명이 살고 있으며 400여 개의 다리로 연결된 118개의 섬과 177개의 운하로 이루어진 아름다운 물의 도시 베네치아. 수상도시 베네치아에서는 사순절의 2주전부터 지구상에서 가장 화려하고 아름다운 가면축제가 열린다. 이 기간에는 민속놀이, 황소 사냥, 곡예사의 가장 무도회가 진행되며 이를 보러 세계각국에서 모여든 수 십만 명의 관광객들로 도시의 좁은 골목골목은 울긋불긋한 고깔모자와 가면들로 포화상태가 된다. 다른 유럽의 카니발에 비해 베니스 카니발이 유독 인기를 끄는 이유는 세련되고 고급스러운 르네상스와 바로크시대의 역사적 전통을 그대로 간직하고 있기 때문이다. 특히 축제가 처음 시작된 16세기경에는 축제 기간 동안 만큼은 계급질서가 없어져 귀족들에게 욕을 해도 참는 등 평민들의 불만을 해소해 주고 계층간의 갈등을 완화시켜 사회통합의 역할을 하기도 했다.

축제가 절정에 달하는 9일과 10일 산마르코 광장 주위에는 얼굴에 화려하고 세련된 문양의 메이크업을 하고 기발한 의상과 가면의 차림의 인파가 몰려들어 자신의 개성을 발휘하며 뜨거운 축제의 열기를 더한다. 보통 귀족들의 화려한 드레스나 해, 달, 꽃 등의 문양의 의상을 많이 입는데, 어릿광대나 어린이들은 개, 고양이, 토끼 문양 등도 즐겨 입는 아이템이다. 최근에는 상상을 초월하는 엉뚱한 아이디어의 의상으로 사람들의 눈을 즐겁게 해주는 젊은이들도 많이 볼 수 있다. 베니스 카니발은 다른 축제와는 달리 미리 정해진 순서나 계획 없이 모든 참가자들이 구경꾼이자 동시에 주인공이 되어 축제를 만들어 카니발에 참가한 사람들에게 평생 잊지 못할 멋진 인생의 추억을 만들어준다.

3. 베로나 오페라 축제 (7월 ~ 8월)

이탈리아가 자랑하는 세계적인 야외 오페라 축제로, 매년 여름마다 개최가 되는데, 이 시기는 이탈리아의 실내극장에서의 오페라시즌이 마감되는 때이기도 하다. 특히 오페라 공연장인 아레나 원형경기장은 A.D. 1세기경에 만들어진, 아직까지 원형 그대로 거의 완벽하게 보존되고 있을 뿐 아니라 2만 여명이 넘는 관객을 수용할 수 있는 유명한 곳이다. 모든 공연은 밤 9시에 시작하며 공연 시작 전에 관객들에게 촛불을 들게 하는 의식으로 유명한 베로나 축제는 특히 이탈리아가 낳은 세계적 오페라 작곡가 베르디와 푸치니의 작품들을 중심으로 짜여져, '라트라비아타', '마농레스코' 등의 공연이, 특히 7월과 8월은 거의 매일 공연이 있으며, 더구나 베로나가 바로 셰익스피어의 명작 '로미오와 줄리엣'의 무대로 설정되어 있어서 이와 관련된 관광을 하기에도 좋은 곳이다.

Unità

8 Che progetto hai per questo anno?

Luca Che progetto hai per questo anno?
Franco Ho un progetto di andare in Italia.
Luca Perché stai per andare in Italia?
Franco Per studiare l'italiano.
Luca Quando parti in Italia?
Franco Sto per partire in maggio.
Luca E qual è la data?
Franco È il 10 maggio.
Luca Che giorno è quel giorno?
Franco Um.... forse è venerdì.

단어

- progetto 계획
- anno 년, 해
- andare 가다
- studiare 공부하다
- stare per ...하려하다
- quando 언제
- perché 왜
- partire 떠나다
- qual(e) 어떤 것
- data 날짜
- maggio 5월
- forse 아마도
- venerdì 금요일

해석

올해 무슨 계획을 갖고 있니?

루카: 올해 무슨 계획을 갖고 있니?
프랑코: 이탈리아에 갈 계획을 갖고 있어.
루카: 왜 이탈리아에 가려는 거지?
프랑코: 이탈리아어를 공부하기 위해서.
루카: 언제 이탈리아로 떠나?
프랑코: 5월에 떠나려고 해.
루카: 그럼 날짜는 언제인데?
프랑코: 5월 10일이야.
루카: 그 날은 무슨 요일이야?
프랑코: 음... 아마도 금요일일거야.

회화연습 8

Che progetto hai per questo anno? (andare in Italia)
Ho un progetto di andare in Italia.

1. Che progetto hai per questo anno? (studiare il francese)
   Ho un progetto di ______________________________.

2. Che progetto hai per questo anno? (visitare il museo Nazionale)
   Ho un progetto di ______________________________.

3. Che progetto hai per questo anno? (imparare di guidare la macchina)
   Ho un progetto di ______________________________.

4. Che progetto hai per questo anno? (lavorare in un ristorante)
   Ho un progetto di ______________________________.

5. Che progetto hai per questo anno? (fare esercizi al pianoforte)
   Ho un progetto di ______________________________.

규칙동사 활용

−are		−ere	−ire	−ire
(io)	−o	−o	−o	−isco
(tu)	−i	−i	−i	−isci
(lui, lei)	−a	−e	−e	−isce
(noi)	−iamo	−iamo	−iamo	−iamo
(voi)	−ate	−ete	−ite	−ite
(loro)	−ano	−ono	−ono	−iscono

parlare − 말하다

	parl**are**
io	parl**o**
tu	parl**i**
lui, lei, Lei	parl**a**
noi	parl**iamo**
voi	parl**ate**
loro	parl**ano**

vedere − 보다

	ved**ere**
io	ved**o**
tu	ved**i**
lui, lei, Lei	ved**e**
noi	ved**iamo**
voi	ved**ete**
loro	ved**ono**

aprire − 열다

	apr**ire**
io	apr**o**
tu	apr**i**
lui, lei, Lei	apr**e**
noi	apr**iamo**
voi	apr**ite**
loro	apr**ono**

caprire − 이해하다

	cap**ire**
io	cap**isco**
tu	cap**isci**
lui, lei, Lei	cap**isce**
noi	cap**iamo**
voi	cap**ite**
loro	cap**iscono**

불규칙동사

avere = have

	avere
io	ho
tu	hai
lui, lei, Lei	ha
noi	abbiamo
voi	avete
loro	hanno

stare – 있다, 존재하다

	stare
io	sto
tu	stai
lui, lei, Lei	sta
noi	stiamo
voi	state
loro	stanno

규칙동사연습

–are

	insegn**are**	pranz**are**	incontr**are**	compr**are**
io				
tu				
lui, lei, Lei				
noi				
voi				
loro				

–ere

	legg**ere**	conosc**ere**	viv**ere**	prend**ere**
io				
tu				
lui, lei, Lei				
noi				
voi				
loro				

–ire

	part**ire**	offr**ire**	serv**ire**	scopr**ire**
io				
tu				
lui, lei, Lei				
noi				
voi				
loro				

–ire 2종

	fin**ire**	cap**ire**	prefer**ire**	sped**ire**
io				
tu				
lui, lei, Lei				
noi				
voi				
loro				

Esercizio 8

Modello: scrivere
Io scrivo delle frasi in italiano.

1) ascoltare
Noi ________ la classica musica.

2) dormire
Luisa ________ alle 12.

3) preferire
Signorina, quale stagione ________?

4) leggere
Loro ________ il giornale ogni giorno.

5) preparare
Che cosa ________ Mara e Silvia per viaggio?

6) sentire
________ caldo, ragazzi?

7) ricevere
Mario, ________ una lettera?

8) mangiare
________ gli spaghetti, professore?

9) partire
Quando ________ per la Germania, Anna?

10) imparare
Lei ________ l'italiano per andare in Italia.

교육

몬테소리 할머니와 레지오 에밀리아 교육학을 아시나요?

이탈리아의 교육자이고 유아교육학 중 하나 입니다 이탈리아는 우리에게 교육의 나라로 크게 떠오르는 나라는 아닌 듯 하지만 한 인간의 개인 능력을 발굴하여 이끌어 주는 내용이 담긴 교육정책을 갖고 있습니다. 이탈리아의 교육과정은 다음과 같습니다.

• 현재의 교육 과정

유치원			초등학교				
1년	2년	3년	1년	2년	3년	4년	5년
만 2~3세	만 3~4세	만 4~5세	만 5~6세	만 6~7세	만 7~8세	만 8~9세	만 9~10세

중학교			고등학교				
1년	2년	3년	1년	2년	3년	4년	5년
만 10~11세	만 11~12세	만 12~13세	만 13~14세	만 14~15세	만 15~16세	만 16~17세	만 17~18세

대학교, 대학원 등 고등 교육 과정					
1년	2년	3년	4년	5년	6년
18세 이상					

이탈리아의 교육 과정

오늘날 이탈리아의 교육 과정은 초등학교 5년, 중학교 3년, 고등학교 5년으로 구성되어 있다. 그리고 초등학교 입학 전에는 유치원 과정이, 고등학교 졸업 이후의 고등 교육 과정으로는 대학교, 대학원 과정이 마련되어 있다.

이탈리아 교육 과정 중 이탈리아어의 교육 과정은 문법과 작문, 문화와 역사를 바탕으로 이루어진다. 이탈리아어 교육 과정은 정규 교육 과정 중 중학교 과정에서 가장 큰 비중을 차지하는데 이 시기에는 주로 문법, 그 중에서도 특히 동사 변형에 대한 지식을 중점적으로 습득하게 된다. 그리고 고등학교에서는 중학교 때 배운 지식을 바탕으로 실제로 문장을 쓰는 법을 배운다. 이러한 교육의 결과는 대학 입시 때 나타난다. 이탈리아 교육부에서는 청소년의 바른 이탈리아어 교육을 위하여 각 지역 국립 대학교 문과 지망생들을 대상으로 입시에서 이탈리아어 문법 시험을 의무적으로 시행하고 있다. 그뿐만 아니라 올해부터는 많은 대학교에서 문과계열 뿐만 아니라 이공계 계열에서도 시험 과목으로 이탈리아어 작문을 채택하고 있다. 각종 매체에서는 이러한 현상에 대하여 이탈리아 대학교의 질적 향상을 도모하고 국민들이 바른 모국어를 사용하게 하기 위한 것이라며 긍정적으로 평가하고 있다.

이러한 교육정책과 함께 고등학교 후반 3년 동안에는 우리나라 대학교의 교양과목에 대한 교육이 이루어지기 때문에 대학에서는 교양수업을 받지 않고 바로 자신들의 전공을 공부하게 된다.

대학으로의 입문은 우리의 입시에 비해 굉장히 열려 있지만 졸업을 하기는 쉽지 않다. 반드시 유아교육서부터 대학을 생각하는 우리와는 달리 자신의 능력에 맞게 선택하여 중학교, 고등학교를 진학하며 대학은 진정으로 공부를 하고자 하는 학생들이 진학을 꿈꾸는 곳이다.

세계 최초의 대학 볼로냐 대학

Unità 9

Che ore sono?

Roberto	Che ore sono?
Daniel	Sono le otto.
Roberto	Allora che ore sono in Francia?
Daniel	Sono le venti.

단어

- che 무엇
- ora(pl. e) 시
- allora 그러면, 자

해석

몇 시입니까?

로베르트: 몇 시야?
다니엘: 8시야.
로베르트: 그럼 프랑스는 몇 시야?
다니엘: 20시야.

회화연습 9

Che ore sono? Sono le otto.

1. 12:30
2. 7: 25
3. 3: 45
4. 1: 10
5. 9: 50

수 (Numero)

1) 기수

1	uno	11	undici
2	due	12	dodici
3	tre	13	tredici
4	quattro	14	quattordici
5	cinque	15	quindici
6	sei	16	sedici
7	sette	17	diciassette
8	otto	18	diciotto
9	nove	19	diciannove
10	dieci	20	venti

21	ventuno	80	ottanta
22	ventidue	90	novanta
23	ventitre	100	cento
24	ventiquattro	200	duecento
25	venticinque	300	trecento
26	ventisei	1.000	mille
27	ventisette	2.000	duemila
28	ventotto	10.000	diecimila
29	ventinove	20.000	ventimila
30	trenta	100.000	centomila
31	trentuno	200.000	duecentomila
40	quaranta	1.000.000	un milione
50	cinquanta	2.000.000	due milioni
60	sessanta	10.000.000	diecimilioni
70	settanta	1.000.000.000	un miliardo

2) 서수

1°	primo	11°	undicesimo
2°	secondo	12°	dodicesimo
3°	terzo	20°	ventesimo
4°	quarto	29°	ventinovesimo
5°	quinto	30°	trentesimo
6°	sesto	100°	centesimo
7°	settimo	101°	centunesimo
8°	ottavo	102°	centoduesimo
9°	nono	1000°	millesimo
10°	decimo	1.000.000°	milionesimo

Esercizio 9

• 다음 수를 이탈리아어로 써 봅시다.

1) 14 –

2) 17 –

3) 28 –

4) 64 –

5) 85 –

6) 159 –

7) 3.862 –

8) 63.481 –

9) 96.536.728 –

10) 927.394.542 –

장인정신

몇 해전 TV드라마 〈시크릿 가든〉에서 이탈리아 장인이 한땀한땀 빚은 트레이닝복을 남자 주인공 현빈이 입고 나왔었다. 이 표현이 드라마에서 우스개 소리로 한마디 나온 말은 아니다. '이탈리아 장인정신'이란 말은 거의 대명사화 된 것처럼 들린다. 피렌체 뒷골목에 수작업으로 몇 세대의 대를 물려 잇는 공방들이 건재하고 있는 것만 봐도 이탈리아 사람들의 손작업의 우수함이 대를 잇고 살아있으며 우리가 익히 알고 있는 이탈리아 명품들을 탄생시켰으며 그 명성을 지켜나가고 있다. 즐비하게 늘어서 있는 자그마한 가게들도 나 홀로 창업한 가게라기 보다는 몇 대째 대를 잇고 있는 가게들이 많다는 점도 주목할 부분이다. 람보르기니와 같은 스포츠카들은 아파트 한 채 값 이상을 하기도 하는데 그 내부에 장인정신이 깃들기 때문이다.

현대사회는 기계와 컴퓨터가 사람의 몫을 대신하고 있지만 이탈리아에 이렇게 장인정신이 건재할 수 있는 것은 사람이 손으로 하는 일에 대한 인정과 그 가치에 대한 합당한 댓가라고 생각한다. 또한 사람이 한 일이 기계가 한 일보다 더욱 좋은 대우를 받는 세상이 한편으로 미래세계가 지향해 나가야 할 방향이 아닌가 싶다.

이 사진은 피렌체의 한 신발가게이다. 가죽으로 구두를 만들고 있다. 안에는 한 명의 신사와 두 명의 젊은 친구가 한땀한땀 열심히 구두를 만들고 있다. 이들의 관계가 스승과 제자로 보이기도 하는데 땀 흘려 배우고 익히려는 모습이 무척이나 진지해 보인다.

Unità 10

A che ora comincia la lezione d'italiano?

Sandra Ciao, Bruno! Dove vai?
Bruno Ciao, Sandra! Vado all'università.
Sandra Ci sono le lezioni oggi?
Bruno Sì, c'è la lezione d'italiano.
Sandra A che ora comincia la lezione d'italiano?
Bruno Comincia alle 14.
Sandra A che ora finisce?
Bruno Finisce alle 16.
Sandra Dopo la lezione, che fai?
Bruno Non c'è niente di speciale.
Sandra Allora incontriamo alle 16:30 alla Piazza Garibaldi.
Bruno Va bene! Ci vediamo a più tardi!

단어

- ora 시
- cominciare 시작하다
- lezione 수업
- dove 어디에
- università 대학교
- oggi 오늘
- finire 마치다
- dopo ~후에
- fare 하다
- niente 아무것도
- speciale 특별한
- allora 그러면
- incontrare 만나다
- piazza 광장
- vedere 보다
- più 더
- tardi 늦게

해석

몇 시에 이탈리아어 수업은 시작해?

산드라: 안녕, 브루노! 어디 가니?
브루노: 안녕, 산드라! 학교에 가.
산드라: 오늘 수업 있니?
브루노: 응, 이탈리아어 수업이 있어.
산드라: 몇 시에 이탈리아어 수업은 시작해?
브루노: 14시에 시작해.
산드라: 몇 시에 끝나?
브루노: 16시에 끝나.
산드라: 수업 후에, 뭐해?
브루노: 특별한 거는 없어.
산드라: 그러면 16시 30분에 가리발디 광장에서 만나자.
브루노: 좋아! 이따가 보자!

회화연습 10

A che ora comincia la lezione d'italiano? Alle 14.

1. Alle 9
2. Alle 11:30
3. Alle 10
4. Alle 12
5. Alle 14

불규칙동사

avere = have

	avere
io	ho
tu	hai
lui, lei, Lei	ha
noi	abbiamo
voi	avete
loro	hanno

andare = go

	andare
io	vado
tu	vai
lui, lei, Lei	va
noi	andiamo
voi	andate
loro	vanno

fare = do

	fare
io	faccio
tu	fai
lui, lei, Lei	fa
noi	facciamo
voi	fate
loro	fanno

Esercizio 10

Modello: A che ora comincia la lezione d'italiano? (cominciare la lezione d'italiano)
Comincia alle 14.

1) A che ora ______________________? (aprire la banca)
_________ alle 8:20.

2) A che ora ______________________? (chiudere la banca)
_________ alle 13:20.

3) A che ora ______________________? (aprire il museo)
_________ alle 9.

4) A che ora ______________________? (chiudere la posta)
_________ alle 18.

5) A che ora ______________________? (tu – incontrare Luigi)
_________ alle 7.

6) A che ora ______________________? (Ingrid – andare a casa)
_________ alle 5.

7) A che ora ______________________? (cominciare il film)
_________ alle 8:40.

8) A che ora ______________________? (partire il treno per Firenze)
_________ alle 15.

음식

이탈리아는 우리나라처럼 반도국가로 봄, 여름, 가을, 겨울의 사계가 뚜렷하며, 요리에 마늘을 많이 사용하기 때문에 우리나라 사람들 입맛에도 잘 맞아 우리 주변 어디에서나 이탈리아 음식을 찾아 즐길 수 있게 되었다.

이탈리아의 음식은 예전부터 다양하게 발전되어 왔는데, 이러한 사실은 우리에게 최고의 요리로 알려져 있는 프랑스 요리도 르네상스 시대에 이탈리아 메디치 가문의 카타리나 공주가 프랑스로 시집가면서 데려간 요리사들이 프랑스에 다양한 요리를 전파시키면서 발전된 것이라는 사실로도 알 수 있다.

이탈리아는 1861년 통일이 이루어질 때까지 많은 작은 국가들로 나뉘어져 있으면서 독립적인 문화를 가지고 있었던 역사 때문에 요리도 각 지방에 따라 특색 있게 발전되어 왔다. 크게 남부와 북부로 나누어 각각의 요리 특색을 보면, 나폴리, 시칠리아 섬 등의 남부는 해안가라서 해산물 요리가 발달했으며, 맵고 짠 강한 맛이 특징이다. 또한 토마토를 많이 사용해서 토마토 소스를 쓰는 피자와 파스타가 발달했다. 반면에 베네치아와 볼로냐, 밀라노, 제노바를 포함하는 북부 지방은 알프스 산맥에 접하고 있어서인지 육류와 치즈를 이용한 요리가 많고, 남부보다 쌀 요리(예 – 리조또 : 전통 이탈리아식 볶음밥으로 우리나라와는 달리 처음부터 생쌀을 넣고 조리하는데, 쌀과 다진 양파를 버터에 볶다가 스톡을 부어 끓여서 만든다.)

이탈리아인은 먹는 것을 상당히 즐기는 국민이다. 그들의 정식 식사의 코스는 안티파스토(Antipasto) – 프리모 피아또(Primo Piatto) – 세콘도 피아또(Secondo Piatto) – 후식(Dessert)의 순으로 이루어진다. 안티파스토는 카파치오처럼 해물이나 야채로 복잡한 조리과정 없이 간단히 만드는 에피타이저이며, 프리모 피아또는 첫 번째 요리라는 뜻으로 주로 파스타나 피자를 먹는다. 그리고 본 식사인 세콘도 피아또(두번째 요리)에서는 고기나 해물 요리를 먹는다. 중간중간에 샐러드나 미네스트로네라고 부르는 수프를 먹으며, 식사에는 와인을 빼놓을 수 없다. 와인은 식사 시작부터 끝까지 거의 한 병 정도를 천천히 마신다. 아침과 점심은 비교적 간단히 먹는 편이며, 저녁은 온 가족이나 친지가 모여서 떠들썩하게 몇 시간 동안 천천히 즐긴다. 아침에 주로 마시는 커피는 우유를 섞은 카페 라떼와 진한 에스프레소가 있다. 이탈리아에서는 보통 커피라고 하면 에스프레소를 가리킨다. 다음은 각 단계별 식사 순서에 주로 먹는 음식이다.

- **Antipasto – 전체요리**

  Insalata di mare 해물요리

  Pomodori ripini 속을 채운 토마토

- **Primo Piatto – 첫 번째 요리**

  Tortellini in brodo 국물 토르텔리니

  Tagliatelle ai porcini 돼지고기 넣은 딸리아뗄레

  Lasagna al forno 오븐 라자냐

  Risotto ai funghi 버섯 리조또

  Spaghetti ai frutti di mare 해산물 스빠겟띠

  Spaghetti al pomodoro 토마토소스 스빠겟띠

- **Secondo Piatto – 두 번째 요리**

  Carne(육류)

  Cotoletta alla milanese 밀라노식 커틀렛

  Braciola di maiale ai ferri 돼지고기 석쇠구이

  Pollo allo spiedo 닭꼬치

  Arrosto di vitello 송아지 로즈구이

Pesce(생선)
Trota alla mugnaia 송어요리
Sogliola 가자미요리

Contorni(vegitables, 야채류)
Insalata mista(혼합) 샐러드
Patate fritte 감자 튀김
Spinaci al burro 버터 넣은 시금치
Peperoni alla griglia 그릴에 구운 피망

- **Dessert(후식)**

Frutta fresca 신선한 과일
Macedonia 과일 펀치
Fragole 딸기
Gelato 아이스크림
Tiramisù 티라미수

Unità 11 Al bar

Clara	Daniele, che cosa prendi?
Daniele	Un caffè, per favore!
Clara	Va bene, anch'io prendo un caffè.
Daniele	Allora, Clara, dove abiti?
Clara	Abito in centro.
Daniele	Qual è il tuo indirizzo?
Clara	Via Leonardo numero 32.
Daniele	Anch'io abito in centro. Se vuoi, possiamo vederci qualche volta.
Clara	Volentieri!
Daniele	E qual è il tuo numero di telefono?
Clara	0347-482756

단어

- bar 바
- prendere (=get, take) 마시다, 타다, 취하다
- per favore 청컨대, 제발
- qual(e) 어떤 것
- abitare 거주하다
- anche 또한, 역시
- volentieri 기꺼이, 좋아
- numero 수
- centro 시내
- indirizzo 주소
- via 거리
- se 만약~하면
- vedere 보다
- qualche volta 때때로

해석

바에서

클라라: 다니엘레, 뭐 먹을래?
다니엘레: 커피 부탁해!
클라라: 좋아, 나도 커피 마실래.
다니엘레: 그런데, 클라라, 너는 어디 사니?
클라라: 시내 살아.
다니엘레: 주소가 어떻게 돼?
클라라: 레오나르도가(街) 32번지
다니엘레: 나도 시내에 거주하고 있어. 너가 원하면 우리는 때때로 볼 수 있어.
클라라: 좋아(기꺼이)
다니엘레: 그럼 너의 전화번호는 어떻게 되니?
클라라: 0347-482756

회화연습 11

Qual è il tuo indirizzio?

1. la sua borsa?
2. il nostro tavolo
3. il tuo gatto
4. la vostra macchina
5. il mio ombrello

불규칙동사

volere = would like (to)

	volere
io	voglio
tu	vuoi
lui, lei, Lei	vuole
noi	vogliamo
voi	volete
loro	vogliono

potere = can

	potere
io	posso
tu	puoi
lui, lei, Lei	può
noi	possiamo
voi	potete
loro	possono

dovere = must

	dovere
io	devo
tu	devi
lui, lei, Lei	deve
noi	dobbiamo
voi	dovete
loro	devono

의문사

1. che = what 무엇
   Che cosa è questo? Questo è il dizionario di Mario.
2. quale = which 어떤 것
   Quale stagione preferisci? Preferisco l'autunno.
3. come = how 어떻게
   Come stai? Bene, grazie e tu?
4. perché = why 왜
   Perché sei in Italia? Perché voglio studiare l'italiano.
5. dove = where 어디에
   Dov'è la tua casa? La mia casa è in centro.

6. quando = when 언제

   Quando arriva il treno per Venezia? Alle 18.20.

7. quanto = how many, how much 얼마나 많이

   Quanto è questa borsa? È 30 euro.

   Quanti anni hai? Ho ventitre(23).

8. chi = who 누구

   Chi è quella signora? È mia madre.

   Di chi è questo libro? È di Giorgio.

Esercizio 11

• 다음 대답에 알맞은 의문사를 채워 봅시다.

1) ________ cosa vuoi mangiare per il pranzo?

   Voglio gli spaghetti ai pomodori.

2) ________ possiamo incontrare?

   Posso incontrare il sabato.

3) ________ borsa preferisci, questa o quella?

   Preferisco che questa è più grande.

4) ________ studenti ci sono nella classe d'italiano?

   Ci sone 15 studenti.

5) ________ è la mia chiave?

   Lì, è sulla poltrona.

6) ________ insegna la letteratura italiana a voi?

   Professoressa Paola Bianchi insegna.

7) ________ ti chiami?

   Mi chiamo Alberto.

8) ________ vai già a casa?

   Sono molto stanco e voglio riposare un po'.

피자

많은 사람들에게 이탈리아하면 떠오르는 것 중 하나가 피자일 것 같다. 피자는 분명 이탈리아 음식이지만 우리가 즐겨먹는 피자는 미국식 피자 쪽에 가깝다. 물론 이탈리아 내에서도 피자는 지역마다 다양한 재료에 맛을 갖고 있기는 하다. 해안지역에는 해산물과 함께 피자를 즐기기도 하도 내륙 지방에는 버섯이나 야채와 함께 즐기기도 한다. 이렇듯이 이탈리아에서는 지역에 따라 수많은 피자 레시피가 개발되어 있다. 이 중 가장 유명한 것은 나폴리와 로마의 피자이다. 이탈리아에서는 18세기 말부터 모짜렐라 치즈와 엔초비, 마늘, 기름이 사용되기 시작하면서 오늘날의 피자 형태가 나타났으며, 19세기에는 라드, 돼지고기, 치즈, 토마토의 사용이 일반화되었으며 곧 이탈리아 전역에 퍼지게 되었다. 오늘날 피자의 형태와 같은 도우(dough, 밀가루 반죽), 토마토, 치즈를 기본으로 하는 레시피가 탄생한 것은 19세기 말에 이르러서이다. 옴베르토 1세의 왕비 마르게리타가 피자에 관심을 보이자 1889년 6월 나폴리의 유명한 피자점 주인 돈 라파엘 에스폰트가 토마토 소스, 바질, 모짜렐라 치즈로 이탈리아 국기를 상징한 유명한 마르게리타 피자를 만들었다. 이후 19세기 후반 근대화를 추진하면서 만은 이탈리아인이 미국으로 이주하면서 피자는 미국으로 전파되었다. 1905년 조반니 롬 바르디가 뉴욕에 처음 피자 가게를 열었고, 1920년대부터 이탈리아 이민자 중에서 많은 수가 미국 북부를 중심으로 피자 가게를 오픈 하였다. 이후 이탈리아 남부 출신의 이민자들에 의해 미국에도 전해졌으며, 수없이 많은 레시피의 변형이 시도되어 왔다. 오늘날 피자는 이탈리아 요리가 아니라 세계인의 요리라고 할 만큼 거의 모든 문화권의 사람들이 먹고 있다. 다음은 몇 개의 피자 종류와 이름, 그리고 그 주재료이다.

마르게리타

토마토 – 빨강색, 바질 – 초록, 모짜렐라 치즈 – 흰색

마르게리타 피자는 피자의 기원이 되는 피자로, 이탈리아 국기 색깔을 주재료로 표현한 이탈리아의 대표적 피자다.

콰트로 스타지오니

피자 한판을 4등분해서 각각 다른 재료를 넣어 만든 이탈리아 피자다.

소고기, 해산물, 햄, 토마토 등 여러 가지 재료로 만든 모둠 피자이다. 콰트로 스타지오니는 사계절이라는 의미를 가지고 있다.

마레키아로

해산물을 넣어 만든 이탈리아 피자다.

마르게리타 피자에 해산물을 첨가한 피자이다.

콰트로 포르마지

최근 들어 우리나라에서 인기가 높아진 이탈리아 피자.

카망베르, 모차렐라, 브리, 크림치즈 4가지 치즈를 이용하는 피자이다.

Unità

12 Dialogo fra lui e lei

lui Che fai dopo la lezione?
Vuoi venire con me?

lei Dove?

lui Andiamo in piscina.

lei No, mi dispiace, non posso.

lui Perché, che devi fare?

lei Devo vedere la mia amica Mara.

lui Perché non porti anche lei?
Posso invitare Pietro.

lei No, oggi abbiamo un appuntamento con gli amici italiani.
Forse domani.

lui Domani vieni da sola o con Mara?

lei Vengo da sola, sei contento?

lui Va bene, allora a domani.

단어

- dopo ~후에
- lezione 수업
- mi dispiace = I'm sorry. 미안합니다. 유감스럽습니다.
- piscina 수영장
- portare 가져오다, 데려오다
- amico 남자친구
- amica 여자친구
- appuntamento 약속
- forse 아마도
- domani 내일
- contento 만족하는

해석

그와 그녀사이의 대화

그 : 수업 후에 뭐해?
나랑 갈래?
그녀 : 어디를?
그 : 수영장에 가자.
그녀 : 아니, 미안한데, 갈 수 없어.
그 : 왜, 뭐 해야 하니?
그녀 : 내 친구 마라를 봐야해.
그 : 그녀도 데리고 오는 거 어때?
그녀 : 안돼, 오늘 우리는 이탈리아 친구들과 약속이 있어.
아마 내일은 될 거야.
그 : 내일은 혼자 올 거니, 마라랑 올 거니?
그녀 : 혼자 갈 게, 만족하니?
그 : 좋아, 그럼 내일 봐.

회화연습 12

• 윗글에 대하여 다음 질문에 이태리어로 답하시오.

1. Dove vuole andare lo studente dopo la lezione?

______________________.

2. Chi invita?

______________________.

3. La studentessa accetta il suo invito?

______________________.

4. Chi deve incontrare?

______________________.

5. Con chi hanno un appuntamento le due amiche?

______________________.

6. Quando la signorina incontra lo studente?

______________________.

7. Va da sola o con Mara?

______________________.

불규칙동사

avere = have

	avere
io	ho
tu	hai
lui, lei, Lei	ha
noi	abbiamo
voi	avete
loro	hanno

andare = go

	andare
io	vado
tu	vai
lui, lei, Lei	va
noi	andiamo
voi	andate
loro	vanno

fare = do

	fare
io	faccio
tu	fai
lui, lei, Lei	fa
noi	facciamo
voi	fate
loro	fanno

volere = would like (to)

	volere
io	voglio
tu	vuoi
lui, lei, Lei	vuole
noi	vogliamo
voi	volete
loro	vogliono

potere = can

	potere
io	posso
tu	puoi
lui, lei, Lei	può
noi	possiamo
voi	potete
loro	possono

dovere = must

	dovere
io	devo
tu	devi
lui, lei, Lei	deve
noi	dobbiamo
voi	dovete
loro	devono

venire = come. go

	venire
io	vengo
tu	vieni
lui, lei, Lei	viene
noi	veniamo
voi	venite
loro	vengono

Esercizio 12

• 주어진 불규칙 동사를 알맞게 활용해 보시오.

1) (io) Non ______________ una matita, ma una penna. (avere)

2) (Giorgio e Franco) ______________ parlare con Caterina. (volere)

3) (noi) Non ______________ ancora parlare italiano. Parliamo inglese. (potere)

4) (Pietro) Per imparare l'italiano ______________ venire a scuola ogni giorno. (dovere)

5) (voi) ______________ gli esercizi per domani? (fare)

6) (tu) Quando ______________ a mangiare una pizza? (andare)

7) (Rosita) ______________ dalla Grecia, perché ______________ studiare l'italiano.(venire/volere)

파스타(Pasta)와 스빠겟티(Spaghetti)

파스타는 밀가루와 물을 주재료로 하여 만든 반죽을 소금물에 넣고 삶아 만든 이탈리아 면 요리를 총칭하는 음식이다.

파스타의 기원은 13세기 마르코 폴로로 말하기도 하지만 그 이전 많은 기록들이 있다. 그 예로 기원전 4세기경 에트루리아(Etruria : 로마가 건국되기 전 라치오(Lazio), 움브리아(Umbria), 토스카나(Toscana) 지방에서 발전하여 에트루리아 왕국을 건립한 민족)인들의 묘에서 반죽을 미는 여성의 그림이 발견되었고, 기원전 1세기경 고대 로마시대에도 라자냐(lasagna)에 대한 여러 기록이 남아 있다. 당시의 라자냐는 오늘날의 겹겹이 쌓은 형태가 아닌, 넙적하게 자른 밀가루 반죽을 익혀 채소나 치즈를 곁들여 먹는 요리였다.

고대 로마시대의 유명 미식가였던 마르쿠스 가비우스 아피키우스(Marcus Gavius Apicius)의 〈요리의 예술(L'arte culinaria)〉에는 라자냐의 전신으로 추정되는 라가나(lagana)를 기름에 튀겨 후추와 가룸(garum, 생선 소스)에 가볍게 볶아 먹었다는 내용이 있다. 호레이스(Horace)의 시에는 "파와 병아리 콩을 넣은 라자냐를 먹으러 집으로 돌아간다(I'm going back home to my bowl of leeks, chickpeas and lasagna)"라는 구절이 있다. 키케로(Cicero, 고대 로마의 정치가이자 철학자, 정치가, 문인 등) 역시 치아 상태가 좋지 않았던 노년에 부드러운 라자냐를 즐겨 했다고 한다.

또한 이탈리아에서는 파스타가 베네치아에서 이탈리아 전역으로 전파되었다는 마르코폴로의 이야기보다는 이탈리아의 남부 시칠리아에서 북쪽 지방으로 전파되었다는 견해가 더 일반적이다.

파스타? 스빠겟티?는 같은 음식인가? 다른 음식인가? 파스타가 큰 말이다. 스빠겟티는 길이가 긴 파스타를 말한다. 면의 모양, 길이가 어떠하냐에 따라서, 또는 어떤 재료를 추가하냐에 따라 무궁무진한 이름이 탄생할 수 있는 음식이고 어느 나라에서든지 자신의 요리로 퓨전화 할 수 있는 음식이다. 단지 우리의 식사 순서와 비교해 볼 때 면류를 본 요리 이전에 먹는다는 게 약간의 차이라면 차이라고 말 할 수 있겠다.

Unità 13

Dove vai?

Carlo	Ciao! Dove vai, Rosa?
Rosa	Vado in biblioteca. E tu, dove vai?
Carlo	Io vado alla banca.
Rosa	Carlo, vieni a pizzeria con me questo pomeriggio? Vorrei mangiare delle pizze questi giorni.
Carlo	A che ora?
Rosa	Alle 3, va bene?
Carlo	Va benissimo
Rosa	Ci vediamo alle tre davanti all'università!

단어

- biblioteca 도서관
- banca 은행
- pizzeria 피자집
- pomeriggio 오후
- vorrei (volere = would like to의 조건법 1인칭)
- mangiare 먹다
- questi giorni 요즘
- davanti a ~ 앞에
- università 대학교

해석

카를로: 안녕! 어디 가니, 로자?
로자: 도서관에 가. 너는 어디 가니?
카를로: 나는 은행에 가.
로자: 카를로, 오늘 오후에 나랑 피자집에 갈래?
요즘 피자가 좀 먹고 싶어.
카를로: 몇 시에?
로자: 3시에, 괜찮아?
카를로: 아주 좋아.
로자: 3시에 학교 앞에서 보자!

불규칙동사

andare = go

	andare
io	vado
tu	vai
lui, lei, Lei	va
noi	andiamo
voi	andate
loro	vanno

venire = come

	venire
io	vengo
tu	vieni
lui, lei, Lei	viene
noi	veniamo
voi	venite
loro	vengono

장소 전치사 a, in, da

vado	al	bar, mare, ristorante
vai	alla	posta, banca, farmacia, mensa
va	all'	università, isola
andiamo	a	teatro, Seoul
andate	in	Italia, centro, montagna, biblioteca, ufficio
vanno	da	Silvia, dottore

회화연습 13

Dove vai? Vado alla banca.

1. bar
2. posta
3. Spagna
4. Gianni
5. centro

Esercizio 13

• 다음 보기에서 장소와 물품을 빈 칸에 채워 문장을 완성해 보시오.

[보기] 장소: tabaccheria 담배 가게 / macelleria 정육점 / profumeria 향수 가게 / farmacia 약국 / edicola 신문 판매대 / pasticeria 빵가게 / rosticeria 닭구이 집
물건: aspirina 아스피린 / pollo arrosto 훈제 닭고기 / rossetto 립스틱 / salcicce 소시지 / dolce 후식 / francobolli 우표 / giornale 신문

Modello: Dove vai? Vado in farmacia per comprare aspirina.

1) Dove vai? Vado ______________ per comprare ______________. (담배 가게)

2) Dove vai? Vado ______________ per comprare ______________. (정육점)

3) Dove vai? Vado ______________ per comprare ______________. (향수 가게)

4) Dove vai? Vado ______________ per comprare ______________. (신문 판매대)

5) Dove vai? Vado ______________ per comprare ______________. (빵가게)

6) Dove vai? Vado ______________ per comprare ______________. (닭구이 집)

와인

이탈리아는 세계에서 가장 많은 포도주를 생산하고 소비하는 나라이다. 기후가 온난하기 때문에 국토의 전 지역에서 포도가 재배되며 와인의 생산량은 프랑스 와인에 버금가며, 그 해의 기후에 따라 생산량의 순위가 1,2위로 결정된다. 이탈리아에서 와인이 언제부터 만들어졌는지는 확실치 않으나, 기원전 2000년경 야생포도를 이용해 와인을 만들기 시작한 것으로 전해지고 있다. 확실한 것은 기원전 800년경 에트루리아인이 지금의 토스카나 지방으로 이주해 포도를 심고 와인을 만들었다고 한다. 그 후 그리스인이 나폴리 근처에 상륙해 그리스에서 포도를 이식해 와인양조에 헌신하였고, 이것이 차츰 전 국토의 포도재배로 확산되어 지금은 전국에서 와인을 양조하고 있다. 연간 7천만hl(약 8억 병)를 생산하는 세계 최대의 와인 생산 국가이며, 와인의 수출량은 세계 최대로 프랑스의 2배에 이른다. 이탈리아는 프랑스와 달리 18세기 이후 자본주의와 산업혁명 등으로 신흥 부유국이 된 여러 나라 출신의 풍부한 소비자층과 지리적으로 멀리 떨어져 있었기 때문에 고가로 거래되는 와인 생산량이 적었고, 프랑스처럼 품격 높은 와인은 생산되지 않았다. 오늘날 이탈리아 와인은 프랑스와 비교하여 백포도주의 비율이 높은 편인데, 적포도주와 로제 와인이 65%, 백포도주가 35% 정도를 차지하고 있다. 품질은 북쪽의 피에몬테, 베네토, 토스카나 등의 와인이 잘 알려져 있고, 양으로는 에밀리아 로마냐, 풀리아, 시칠리아 등의 와인이 알려져 있다. 이탈리아의 와인 산업은 오랜 역사와 전통을 가지고 있었음에도 불구하고 1950년대 전까지만 해도 그리 알려지지 않았었다. 이탈리아 전 지역에 걸쳐 와인이 생산되었는데 모두 자기들만의 독창적인 와인을 생산한다는 자부심 때문에 이를 전국적, 전 세계적으로 마케팅을 하지 않았다. 또한 정부의 강력한 통제나 지원도 없었기 때문에 프랑스처럼 유명해지지 않았다. 와인산업의 중요성을 뒤늦게 인식한 이탈리아 사람들은 1963년 와인생산에 관련된 법률(D.O.C법: 프랑스의 A.O.C와 같은 규정)을 제정했고 이후부터 현재까지 이탈리아는 와인의 전성기를 누리고 있다.

또한 이탈리아에는 키안티(Chianti), 카 델 보스코(Ca' del Bosco), 룽가로티(Lungarotti),

팔레스코(Falesco), 몬테베트라노(Montevetrano), 돈나푸가타(Donnafugata) 등등의 브랜드 와인도 있지만, 양조장을 개인이 운용하여 유통할 수도 있기 때문에 집에서 맛있게 담근 포도주 파는 식당을 찾아가 와인을 음미할 수도 있다. 보통식사를 하면서 일인당 4분의 1리터 정도의 와인을 소비하는데 이는 포도주가 산성식품인 기름진 육류음식을 알카리화시켜 준다는 궁합 때문이다.

▲ 곳곳에서 볼 수 있는 포도재배 농장

▲ 보통 지하에 갖고 있는 포도주를 보관하고 숙성시켜주는 저장소

Unità 14 Che cosa hai fatto durante le vacanze?

Marta Rita, che cosa hai fatto durante le vacanze?

Rita Ho viaggiato per Roma.

Marta Che cosa hai visitato a Roma?

Rita Ho visitato il Colosseo, Piazza di Spagna e il Vaticano.

단어

- fare(p.p fatto) 하다
- durante ~동안
- vacanza 휴가
- viaggiare 여행하다
- visitare 방문하다

해석

휴가 동안 뭐 했었니?

마르타: 리타야, 휴가 동안 뭐 했었니?

리타: 로마를 여행했었어

마르타: 로마에서는 뭘 방문했었니?

리타: 콜로세움, 스페인 광장 그리고 바티칸을 방문했었어.

회화연습 14

Che cosa hai fatto durante le vacanze? Ho viaggiato per Roma.

1. Venezia
2. Firenze
3. l'Europa
4. la Spagna
5. Napoli

근과거 (Passato Prossimo)

1. 주관적으로 가까운 과거에 일어난 일을 표현하는 시제
2. 형태: avere + 타동사의 과거분사
   essere + 자동사의 과거분사(과거분사의 어미를 주어와 성, 수 일치시킨다)

과거분사의 종류

• 규칙동사 과거분사 −are → −ato
−ere → −uto
−ire → −ito

(io)	ho	
(tu)	hai	
(lui,lei)	ha	
(noi)	abbiamo	________o
(voi)	avete	
(loro)	hanno	

(io)	sono	
(tu)	sei	________o/a
(lui,lei)	è	
(noi)	siamo	
(voi)	siete	________i/e
(loro)	sono	

• 불규칙동사 과거분사

accendere - acceso aprire - aperto bere - bevuto chiedere - chiesto chiudere - chiuso cogliere - colto conoscere - conosciuto correre - corso cuocere - cotto decidere - deciso dipingere - dipinto dire - detto dividere - diviso fare - fatto leggere - letto mettere - messo nascondere - nascosto	offrire - offerto perdere - perso prendere - preso produrre - prodotto ridere - riso rimanere - rimasto rispondere - risposto rompere - rotto scegliere - scelto scrivere - scritto spendere - speso spegnere - spento scoprire -scoperto vedere - visto (veduto) venire - venuto vincere - vinto vivere - vissuto

Esercizio 14

• 다음 괄호 속의 동사의 과거 분사를 쓰시오.

1) L'anno scorso noi siamo ______________ a Seoul. (andare)

2) Gli amici di Mara hanno ______________ per il parco. (passeggiare)

3) Le studentesse sono ______________ per l'Italia. (partire)

4) Ieri io ho ______________ appena sono ______________ all'aereoporto (telefonare / arrivare)

5) Marco ha ______________ agli amici una storia. (raccontare)

6) Sandro, hai ______________ una lettera di Mara? (ricevere)

7) Ragazzi, avete ______________ freddo stamattina? (sentire)

8) I signori Rossi hanno ______________ casa. (cambiare)

젤라토(Gelato)

▲ 〈로마의 휴일〉(1953년) 영화의 한 배경

젤라토는 이탈리아 아이스크림이다. 최초로 젤라토가 만들어진 곳은 16세기 이탈리아일 것이다. 1595년에 피렌체에서 열린 연회의 기록에 메디치 대공의 궁정에서 환상적인 소르베티와 젤라티를 먹었다는 회고가 남아 있다. 그 후 이탈리아의 젤라토 장인들이 해외로 이주하면서 그들의 레시피가 유럽을 넘어 전 세계로 빠르게 퍼져나갔다. 젤라토(이탈리아어로 '얼린'이라는 뜻)는 전유, 설탕, 그 밖의 향미료와 함께 주로 과일, 초콜릿, 견과류 같은 것을 써서 손으로 만든다. 질이 좋은 신선한 재료를 사용하며, 얼리는 과정에서 서서히 공기를 주입하기 때문에 서서히 녹아 내리는 짙으면서도 부드러운 질감에 뚜렷한 맛과 빛깔을 얻게 된다. 젤라토는 미국에서 생산하는 아이스크림보다 공기 함유량과 유지방 함량도이 낮아서 밀도가 더 높고 향미가 보다 강렬하다. 보통 분유로 만드는 공장 생산 아이스크림은 젤라토와는 완전히 다른 맛이 나기 때문에 아이스크림이라는 말 대신 젤라토라는 말을 그대로 쓴다. 쫄깃쫄깃한 육질에 과일을 주로 이용하기 때문에 먹고 나서 입안이 텁텁하기 보다 시원함을 느낄 수 있다는 게 여느 아이스크림과 차이를 만들어준다.

스페인광장 계단에 앉아 시원한 분수를 바라보며 오드리 햅번처럼 젤라토를 즐겨 보세요~

Unità 15
Dove sei stata ieri sera?

Anna Dove sei stata ieri sera? Ti ho telefonato verso le otto.

Laura Sono andata al concerto.

Anna Con chi ci sei andata?

Laura Con un amico.

Anna Sei tornata a casa dopo il concerto?

Laura No! Quando il concerto è finito siamo andati in pizzeria, per una pizza e una birra e..... tante chiacchiere!

단어

- stare(p.p. stato) 있다, 존재하다
- ieri 어제
- sera 저녁
- ti 너를, 너에게
- telefonare 전화하다
- verso ~ 경에, ~ 향하여
- concerto 음악회
- amico 남자 친구
- quando 언제, ~때
- finire 마치다
- pizzeria 피자 가게
- birra 맥주
- tanto 많은
- chiacchiera 수다

해석

어제 저녁에 어디 갔었니?

안나: 어제 저녁에 어디 갔었니? 8시경에 전화했었어.
라우라: 음악회 갔었어.
안나: 누구랑 거기 갔었니?
라우라: 남자 친구랑.
안나: 연주회 후에 집에 돌아왔니?
라우라: 아니! 연주회가 끝났을 때, 우리는 피자랑 맥주 한 잔, 그리고 수다를 떨려고 피자 가게 갔었어.

회화연습 15

Dove sei stata ieri sera, Anna? Sono andata al concerto.

1. Maria
2. signor Luigi
3. Daniele
4. Rita
5. nonno

Esercizio 15

• 다음 빈 칸을 괄호 속의 동사의 불규칙 과거분사로 채워 보시오.

1) (scrivere) : Ho ______________ una lettera.

2) (leggere) : Tu hai ______________ il giornale?

3) (rispondere) : Peter ha ______________ alle lettere.

4) (fare) : Noi non abbiamo ______________ molti sbagli.

5) (prendere) : Voi avete ______________ i fiammiferi dalla scatola.

6) (mettere) : Loro hanno ______________ i fiori nei vasi.

7) (aprire) : Marta ha ______________ la porta.

8) (chiudere) : Marta e Giovanni hanno ______________ le finestre.

9) (venire) : Io sono ______________ a casa a mezzogiorno.
Paola è ______________ a casa all'una.
Gli studenti sono ______________ a casa a mezzanotte.

에스프레소(Espresso)

보통 이탈리아 사람들이 커피를 마신다 하면 에스프레소를 말한다. 에스프레소는 이탈리아식 진한 커피이다. 데미타세(demitasse)라는 장남감 같은 조그만 잔에 담아서 마셔야 제 맛을 느낄 수 있다. 높은 압력으로 짧은 순간에 커피를 추출하기 때문에 카페인의 양이 적고, 커피의 순수한 맛을 느낄 수 있다. 보통 에스프레소 전용 기계로 커피를 추출하는데, 이 기계는 1906년에 발명되었는데, 압력은 9기압 정도, 온도는 90℃ 전후에서 20초 안에 25~30㎖의 커피를 뽑아낸다. 에스프레소의 맛은 원두의 굵기와 양, 압력, 떨어지는 속도와, 커피를 뽑았을 때 생기는 크레마(crema)라는 옅은 갈색의 크림층의 두께가 결정한다. 이는 커피 원두에 포함된 오일이 증기에 노출되어 표면 위로 떠오른 것으로서 커피 향을 담고 있다. 따라서 크레마의 정도로 에스프레소가 얼마나 잘 추출되었는지의 여부를 알 수 있다. 마실 때는 향을 먼저 맡고 크레마를 맛본 다음 조금씩 나누어 마시는 것이 좋다. 기호에 따라 레몬을 넣어 마시기도 한다. 아무 것도 넣지 않은 순수한 에스프레소를 카페 에스프레소라고 한다. 솔로는 에스프레소 1잔, 도피오는 2잔 분량을 말한다. 룽고는 에스프레소를 오래 뽑는 것을 말한다. 에스프레소 리스트레토는 가장 진하게 추출되는 순간에 뽑은 것을 말하는데, 카페 에스프레소보다 더 진하다. 에스프레소 레귤러나 에스프레소 아메리카노는 에스프레소에 뜨거운 물을 부은 것인데, 레귤러가 아메리카노보다 조금 더 진하다. 이렇게 작은 잔에 진한 에스프레소 커피를 들고 건물 마다 모퉁이마다 있는 바에서 매일 한두 잔씩 향을 마시며 목젖을 적시며 천천히 마시는 것이 이탈리아식 커피 마시는 법이다.

- **리스트레토(Ristretto)**

  짧은 시간에 추출한 30㎖ 이하의 적은 양의 에스프레소 커피. 리스트레토는 '응축된', '압축된'이란 뜻으로 이탈리아 사람들은 작지만 훌륭하다는 뜻에서 '포코 마 부오노(poco ma buono)'라 부른다.

- **룽고(Lungo)**

  리스트레토 2배 분량의 에스프레소 커피. 커피 분량은 리스트레토와 같고 물이 리스트레토보다 2배 정도 증가되어 추출되어 묽은 리스트레토이다.

- **도피오(Doppio)**

  리스트레토를 더블로 추출한 에스프레소 커피. 도피오(doppio)는 '두 배의'라는 뜻으로 흔히 더블 에스프레소(Double Espresso)라고 부르며 에스프레소 잔보다 2배 정도 큰 잔에 마신다.

Unità 16 Come va la tua schiena?

Umberto Ciao, Fatima, come va la tua schiena?

Fatima Mi fa sempre male.

Umberto Sei andata dal dottore?

Fatima Non sono ancora andata dal dottore.

Umberto Perché?

Fatima Non ho avuto tempo perché la settimana scorsa è arrivato mio fratello dalla Svizzera.

Umberto Prendi almeno qualche medicina?

Fatima Sì, sono andata in farmacia e ho comprato delle compresse.

Umberto Va bene, ma devi visitare dal dottore e seguire un'adeguata cura.

단어

- schiena 등
- sempre 항상, 늘
- male 고통, 병, 나쁘게
- dottore 의사
- ancora (부정문) 아직
- tempo 시간
- settimana 주
- scorso 지난
- arrivare 도착하다
- fratello 남자 형제
- Svizzera 스위스
- almeno 적어도
- qualche 몇몇, 약간의
- medicina 약
- farmacia 약국
- comprare 사다
- compressa 정제, 알약
- visitare 방문하다, 진찰하다
- seguire 따르다
- adeguato 적당한
- cura 치료

해석

너의 등은 어떠니?

움베르토: 안녕, 파티마, 너의 등은 어떠니?
파티마: 늘 좋지 않아.
움베르토: 병원에 갔었니?
파티마: 아직 못 갔어.
움베르토: 왜?
파티마: 지난 주 남동생이 스위스에서 와서 시간이 없었어.
움베르토: 약은 좀 먹니?
파티마: 응, 약국에 가서 알약을 좀 샀어.
움베르토: 좋아, 하지만 병원에서 진찰받고 적절한 치료를 따라야 해.

회화연습 16

Hai già risposto alle lettere?
No, non ho ancora risposto alle lettere.

1. Hai già letto il giornale?

____

2. Avete già fatto gli esercizi?

____

3. Sei già stato in biblioteca?

____

4. Sono già andate al bar?

____

5. Signorina Rossi, è già arrivato Paolo?

____

6. Professore, ha già parlato con Peter?

____

7. Paolo, hai già scritto a Marta?

____

8. Sei già stato a vedere quel film?

____

9. Avete già spedito le lettere?

____

10. Ha già preso il caffè?

____

Esercizio 16

Modello: Apro la porta e vado nel corridoio.
Ho aperto la porta e sono andato/a nel corridoio.

1) Prendo il giornale e leggo.

____

2) Lo studente entra nella stanza e saluta il professore.

____

3) Telefoniamo appena arriviamo all'aeroporto.

____

4) Apriamo la porta ed usciamo dalla stanza.

____

5) Sono stanca: spegno la televisione e vado a dormire.
Ero stanca: ______________________

6) Giulia non rimane a casa, va al concerto.

____

7) Chiedo ad un vigile la strada per il museo.

____

8) Chi chiude le finestre?

____

로마

로마는 2500년 동안 수도로 군림해온 도시이다. 로마는 테르미니역에서 내려서부터 이어지는 역사박물관이다. 기원전 로마인들의 숨결을 아직도 고스란히 느낄 수 있는 곳이다. 로마는 서양 문명을 대표하는 도시이기도 하다. 원래 로마는 지금의 로마 중심부에서 시작된 작은 도시 국가였다. 하지만 차츰 세력을 넓히면서 주변 국가들을 정복하기 시작했다. 서쪽으로는 영국, 동쪽으로는 터키를 넘어 중동 지역까지, 남쪽으로는 아프리카 사하라 지역까지, 북쪽으로는 북유럽 대부분을 정복하여 로마 대제국을 건설했다. 로마 사람들은 여러 민족과 국가를 정복했지만 그들의 좋은 문화를 존중해 주고 받아들이려 했으며 거기서 또한 새로운 문화를 만들어 냈다. 당시 문명이 발달했던 그리스와 에트루리아의 문화는 물론, 이집트, 페르시아, 지중해 연안 나라들의 문화까지 흡수하여 자신들의 것으로 만들고 새로운 문화를 세상에 전파하는 것도 잊지 않았다. 이러한 로마인들의 개방성이 제국을 이룬 로마가 많은 국가와 민족을 통치하기 위하여 실용적인 문화를 발전시키고 풍부한 문화 유산을 오늘날 후손들에게 전할 수 있게 한 원동력이 된 것 같다. 건축에 많이 사용하는 콘크리트를 발견했고, 서양 법률의 틀도 대부분 로마법에서 가져왔으며, 로마 의학의 영향이 지금까지 이어지고 있다. 그리고 영어, 프랑스어, 이탈리아어도 바로 로마인들이 사용했던 라틴어와 관련이 있다. 더욱 놀라운 것은 로마인들은 많은 것을 기록으로 남겨 놓았다는 것이다. 덕분에 2000년 전 로마 제국에서 일어났던 사건이나 생활 모습 등을 알 수 있다. 그들이 걷던 길을 아직도 우리가 걸을 수 있고 그들이 사용했던 수로를 아직도 이용할 수 있다는 사실은 로마인들의 위대함을 증명해주는 것들이다.

포로 로마노는 고대 로마인들이 시민생활의 중심지로 생각하던 신전과 공회당 등 공공 기구와 함

께 일상에 필요한 시설이 있는 곳이다. 건물들을 치장하고 있는 조각상들도 무수히 널려 있으나 이 석상들 중 온전한 것은 하나도 없다. 하지만 그것들이 놓여 있는 곳곳에 새겨진 역사의 의미는 대단하다. 전체적으로는 인상적인 모습을 하고 있는 이곳의 건물들은 모두 동시대에 함께 존재하지 않았기 때문에 하나하나 상세하게 파악하는 것은 힘든 역사적 작업으로 여전히 남아 있다.

콜롯세움은 고대 로마인들의 뛰어난 건축공학기술을 보여주는 건축물이라 할 수 있다. 기원후 콜로세움은 기원후 72년 베스파시아누스 황제가 세우기 시작해 80년 그의 아들 티투스 황제가 완성시킨 4층의 플라비우스 원형경기장(Anfiteatro Flavio)이다. 장축지름은 187m이고 단축지름은 155m, 둘레 527m, 높이 48m의 타원형 건물로 1층은 도리아식, 2층은 이오니아식, 3층은 코린트식으로 각 층마다 양식을 달리했으며 외벽은 아치 80개가 둘러싸고 있다.

신분과 성별에 따라 1층의 가장 낮은 곳에 설치된 특별석에는 황제와 베스타 여신이 마주하고, 그 옆으로 흰 토가(로마 시민의 겉옷)를 입은 원로원, 2층에는 귀족과 무사, 3층에는 로마 시민권자, 4층에는 여자, 노예, 빈민층이 자리 잡았다. 한 번에 5만 명이나 되는 관중을 수용할 수 있었던 이 경기장에서 로마인들은 치열한 검투사의 격투 시합, 맹수 등의 사냥 시합 등 목숨을 건 잔인한 전투 경기와 모의해전(이를 위해 경기장에는 물이 채워졌다) 등을 즐겼다.

중세에 콜로세움은 교회로 쓰였으며, 그 후에는 저명한 두 로마 가문인 프란지파네 가문과 안니발디 가문에 의해 요새로 이용되었다. 시간이 흐르며 이 건물은 손상을 입었고 지진의 피해를 입거나 강도가 돌을 약탈해 가고, 자동차가 늘어나면서 생긴 현대의 공해에 시달리게 되었으나, 콜로세움은 여전히 잔혹한 여흥을 즐기는 인간의 취향을 반영하는 기념물로 존재하고 있다. 외부에서의 감상도 웅장하지만 내부 꼭대기 층까지 올라가 보면 그 규모에 감탄하게 되고 검투를 즐기는 로마인들의 숨결이 느껴질 것이다.

Unità 17

Che progetti hai?

Carolina	Che progetti hai questo anno, Anna?
Anna	Partirò per la Francia?
Carolina	Che farai in Francia?
Anna	Imparerò il francese.
Carolina	E quando tornerai nel tuo paese?
Anna	Ci tornerò dopo circa due anni.

단어

- progetto 계획
- questo 이것, 이분
- anno 년, 해
- partire 떠나다
- Francia 프랑스
- francese 프랑스어(인)
- fare 하다
- imparare 배우다
- quando 언제
- tornare 돌아오다
- paese 나라
- dopo ~ 후에
- circa 대략

해석

너는 무슨 계획 갖고 있니?

카롤리나: 올해 무슨 계획 있어, 안나?
안나: 프랑스로 떠날 거야.
카롤리나: 프랑스에서 뭐 할 거니?
안나: 프랑스어를 배울 거야.
카롤리나: 그럼 너의 나라에 언제 돌아갈 거야?
안나: 대략 2년 후에 돌아갈 거야.

미래 (Futuro)

	-are	-ere	-ire
	comprare	leggere	uscire
io	comprerò	legggerò	uscirò
tu	comprerai	leggerai	uscirai
lui, lei, Lei	comprerà	leggerà	uscirà
noi	compreremo	leggeremo	usciremo
voi	comprerete	leggerete	uscirete
loro	compreranno	leggeranno	usciranno

andare	andrò	dire	dirò
potere	potrò	fare	farò
sapere	saprò	stare	starò
vedere	vedrò	essere	sarò
venire	verrò	avere	avrò

회화연습 17

Che progetti hai? (partire per la Francia)
Partirò per la Francia.

1. Che progetti hai? (imparare l'italiano)

   ____

2. Che progetti hai? (andare a Firenze)

   ____

3. Che progetti hai? (lavorare in giardino)

   ____

4. Che progetti hai? (comprare una nuova casa)

   ____

5. Che progetti hai? (leggere molti libri)

____

Esercizio 17

Modello: Quando sono stanco/a, smetto di studiare.
Quando sarò stanco/a, smetterò di studiare.

1) Vieni con noi stasera?

____

2) Va al teatro da sola?

____

3) Compri i biglietti anche per noi?

____

4) Signorine, stanno a casa stasera?

____

5) Con chi studi dopo pranzo?

____

6) A che ora finiscono le lezioni?

____

7) Mia sorella telefona agli zii da Firenze.

____

8) Scrivono molte cartoline da Venezia.

____

바티칸

세계에서 가장 작은 나라로 꼽히는 곳은 로마 안의 작은 국가, 바티칸 시국이다. 바티칸 시국은 전체 면적이 0.44km^{2}이고 인구가 1000여 명 정도밖에 되지 않는 조그만 나라다. 하지만 전 세계 어느 나라보다도 막강한 영향력을 갖고 있다. 이곳은 인류의 정신 세계에 큰 영향을 미친 가톨릭교의 중심지이기 때문이다. 동시에 르네상스의 예술혼이 살아 있어 문화 · 예술의 발전에 크게 기여하고 있는 나라이기도 하다. 물론 바티칸 시국(市國)이라는 명백히 독립국가지만 인구는 1000명을 밑돌고, 이 성스러운 나라에서 선거가 행해지는 경우는 교황을 선출할 때가 유일하다. 여기서는 다양한 산업 활동이 이루어지지는 않지만 그래도 특수한 국가이다. 하지만 이곳의 인쇄업은 세계 어느 나라보다 활발한 산업이다. 이곳의 인쇄소는 세계 거의 모든 언어를 인쇄할 수 있는 능력을 갖추고 있다. 그 외에도 독자적인 은행, 우체국, 방송국 등도 갖추고 있으며, 군대는 스위스인으로 구성된 수비대가 전통적으로 맡고 있다. 일정이 허락하면 일요일에 바티칸을 방문하면 좋을 거 같다. 정통 가톨릭 미사에 참여해 보는 것도 종교를 떠나 의미 있는 시간이 될 거라 생각한다. 바티칸박물관 또한 강력하게 추천한다. 그 많은 성화들을 보다 보면 당시 성서나 신화는 중세인들의 삶을 생각하게 해 주고 이를 통해 그들은 인간사를 보았던 것 같다.

Unità 18

Carla e Antonio

Carla　Sta' sicuro, domani verrò a vederti.

Antonio　Domani, domani! Ma quando domani?

Carla　Ho molto da fare. Prima finirò il mio lavoro e poi verrò da te.

Antonio　A che ora sarai da me?

Carla　Verso le cinque del pomeriggio sarò da te. Dopo che avrò finito il mio lavoro, sarò da te. Ti va bene?

단어

- sicuro 안심한, 확실한
- domani 내일
- quando 언제, ~할 때
- prima 먼저
- finire 끝내다
- lavoro 일
- verso ~경
- pomeriggio 오후
- dopo ~후에

해석

카를라와 안토니오

카를라: 안심해라, 내일 내가 너를 보러 갈게.

안토니오: 내일, 내일! 도대체 내일 언제?

카를라: 할 게 너무 많아. 먼저 내 일을 끝내고 그런 다음 너희 집에 갈게.

안토니오: 우리 집에 몇 시에 올 건데?

카를라: 오후 5시경에 너희 집에 갈게. 내 일을 끝낸 후, 너의 집에 갈게. 너 괜찮아?

회화연습 18

Dopo che avrà finito il mio lavoro, sarò da te. (avere finito il mio lavoro)

1. Dopo che ______________________, sarò da te. (avere scritto una lettera)

2. Dopo che ______________________, sarò da te. (avere pulito la casa)

3. Dopo che ______________________, sarò da te. (Franca sarà arrivata a casa)

4. Dopo che ______________________, sarò da te. (avere dato l'esame di lingua italiana)

5. Dopo che ______________________, sarò da te. (avere telefonato a mamma)

미래완료

형태: avere 혹은 essere의 미래 + 과거분사(과거분사는 14과 참조)

(io) (tu) (lui, lei, Lei) (noi) (voi) (loro)	avrò avrai avrà avremo avrete avranno	________o

(io) (tu) (lui, lei, Lei)	sarò sarai sarà	________o/a
(noi) (voi) (loro)	saremo sarete saranno	________i/e

Esercizio 18

Modello: Prima leggo il giornale e poi mi preparo un panino.
a) Leggerò il giornale e poi mi preparerò un panino.
b) Dopo che avrò letto il giornale mi preparerò un panino.

1) Prima ascoltiamo le notizie alla radio e poi ci prepariamo la colazione.
   a)
   b) Dopo che

2) Prima Luisa va dalla parrucchiera e poi va al mercato per fare la spesa.
   a)
   b) Dopo che

3) Gli operai preparano gli attrezzi e poi cominciano a lavorare.
   a)
   b) Dopo che

4) Prima entro nella stanza e poi accendo la luce.
   a)
   b) Dopo che

5) Mara incontra un amico italiano al bar e poi prende un caffè con lui.
   a)
   b) Dopo che

밀라노

밀라노는 이탈리아이면서 이탈리아 같지 않은 곳이고, 과거 · 현재 · 미래가 절묘하게 조화를 이루는 곳이다. 밀라노 중앙역에 잠시만 서 있어도 세계인들을 다 볼 수 있는 국제도시이기도 하며 부자들의 도시이기도 하다. 밀라노시가 벌어들이는 연간 수익이 영국 전체의 연간수익 보다 높다고 한다. 무역과 패션과 관광의 도시이기도 하며 미식가들을 위한 먹거리가 존재하는 도시이다. 누구나 동경하는 '명품 1번지'이고, 도시의 상징인 대성당 두오모는 웅장함에다 세련미까지 갖추고 있다. 대부분의 여행자들은 말끔한 슈트 차림의 멋쟁이들을 어디에서든지 볼 수 있다. 이런 현대식 도시에 붉은색 벽돌의 한 역사적 건축물인 산타마리아 델레 그라치에 성당이 또한 자리하고 있다. 건축의 대가인 브라만테가 1492년 완성했고, 내부에는 레오나르도 다빈치의 걸작 〈최후의 만찬〉이 보존되어 있다. 본당은 고딕양식이지만 브라만테의 손길이 닿은 부분은 신르네상스 양식이다. 이 성당은 화려한 밀라노에서 세계문화유산으로 등재된 유일한 곳이다.

Unità 19 In Sicilia

Valeria Paolo, dove sei stato in vacanza?

Paolo Sono stato in Sicilia per due settimane con i miei amici italiani.

Valeria Che fortunato! Anch'io sogno da tanto tempo un viaggio in Sicilia. Com'era il tempo durante il vostro giro in Sicilia?

Paolo Era bellissimo. Faceva un po' troppo caldo, ma l'aria era asciutta.

Valeria Che cosa bevevate per rinfrescarvi?

Paolo Bevevamo delle spremute di limone

단어

- stare(p.p. stato) 있다, 존재하다
- vacanza 휴가
- per 동안, 위하여
- settimana 주
- amico 남자 친구
- fortunato 운 좋은, 행운의
- anche 또한
- sognare 꿈꾸다
- tempo 날씨, 시간
- viaggio 여행
- durante ~동안
- giro 일주, 한 바퀴 돌기
- troppo 지나치게 많이
- caldo 더운
- aria 공기
- asciutto 마른, 건조한
- bere 마시다
- rinfrescare 시원하게 하다
- spremuta 즙
- limone 레몬

해석

시칠리아에

발레리아: 파올로, 너는 휴가에 어디 갔다 왔니?
파올로: 나는 이탈리아 친구들과 2주 동안 시칠리아에 갔다 왔어.
발레리아: 무척 운이 좋구나! 나도 오래 전부터 시칠리아 여행을 꿈꾸고 있어. 너희들이 시칠리아를 돌아다니는 동안 날씨는 어땠었니?
파올로: 아주 화창했었어. 약간 지나치게 덥긴 했었지만 공기는 건조 했었어.
발레리아: 시원하게 하기 위해 뭘 마셨었니?
파올로: 우리는 레몬 쥬스를 마셨었어.

불완료과거 (Imperfetto)

과거에 어떤 행동이나 상태가 지속적이거나 반복적이었을 때 쓰는 시제이다.

avere = have

	avere
io	avevo
tu	avevi
lui, lei, Lei	aveva
noi	avevamo
voi	avevate
loro	avevano

essere = be

	essere
io	ero
tu	eri
lui, lei, Lei	era
noi	eravamo
voi	eravate
loro	erano

– are 동사

and- parl- cominci- mangi- studi-	**-avo** **-avi** **-ava** **-avamo** **-avate** **-avano**

– ere 동사

av- dic- fac- legg- scriv- bev-	**-evo** **-evi** **-eva** **-evamo** **-evate** **-evano**

– ire 동사

cap- fin- prefer- usci- sent- ven-	**-ivo** **-ivi** **-iva** **-ivamo** **-ivate** **-ivano**

Esercizio 19

Modello: Vado a letto, perché sono stanca.
Sono andata a letto, perché ero stanca.

1) Accendiamo la luce, perché è buio.

____

2) Prendo un'acqua fresca, perché ho sete.

____

3) Mangiamo un panino, perché abbiamo fame.

____

4) Sono molto occupato e perciò non torno a casa.

____

5) Non leggo il libro, perché non ho voglia.

____

6) Paola prende un'aspirina, perché non si sente bene.

____

7) Non tornano a casa, perché vogliono ancora camminare.

____

8) Valeria non torna a casa, perché vuole le vetrine del centro.

____

피렌체

이탈리아의 행정상의 수도는 로마이지만 언어와 문화 · 예술의 수도는 토스카나 지방이고 그 중심도시는 피렌체이다. 피렌체는 상공에서 내려다보면 그 도시의 이름에 걸맞게 꽃이 있는 모습을 보여준다. 고대 로마 시대부터 부유한 곳으로 알려졌던 토스카나 지방의 중심 도시 피렌체는 13세기에 이미 문학 · 과학 · 예술의 도시로 이름이 알려져 있었다. 당시 이탈리아에는 도시와 지역마다 여러 공화국이 있었다. 피렌체는 어느 공화국보다 풍부한 경제력을 갖추고 있었으며, 피렌체의 상인들은 경제뿐만 아니라 정치와 종교, 예술에 이르기까지 많은 분야에서 막강한 영향을 미쳤고 피렌체는 경제력을 바탕으로 당대 최고의 인문학자, 과학자, 예술가들이 모여들면서 인류 역사상 가장 위대한 문화 운동 중 하나로 평가 받는 르네상스 운동의 발원지가 되었다. 르네상스 운동은 고대 그리스 · 로마 문화를 이상적으로 생각하고 이를 재생시켜 새로운 문화를 만들어 냈던 문예 부흥 운동을 말하는데 르네상스가 피렌체에서 시작될 수 있었던 것은 이곳에 뛰어난 인문학자, 과학자, 예술가들이 있었기 때문이고 이들을 후원해 줄 수 있는 경제력이 있었기 때문이다. 12세기 무렵부터 산업, 특히 모직물 공업이 발전하여 많은 직물상인이나 귀금속상인이 각기 조합을 만들어 경제적으로 번영하였고 피렌체는 유럽의 상공업 · 금융업의 중심이 되었다. 15세기 초부터 메디치가(家)가의 권력과 부가 피렌체에 자리 잡으면서 르네상스 문화의 중심으로서 그 황금시대를 맞이하였다. 피렌체는 이렇게 꽃피운 유형 · 무형 문화유산을 잘 보존하여 지켜오고 있으며 아직도 곳곳에 그 정신들이 깃들어져 있는 아름다운 도시이다.

Unità 20 Leggere il giornale.

Gino　Hai comprato il giornale?

Lucia　No, l'edicola è chiusa.

Gino　Hai detto a Giovanna di comprarlo in centro?

Lucia　No, a lei non ho detto nulla.
A me non importa del giornale.

Gino　Ma a te non interessano le ultime notizie?

Lucia　Sì, ma le ascolto al telegiornale.

단어

- edicola 신문 판매대
- chiuso (chiudere '닫다'의 p.p) 닫힌
- centro 시내
- nulla 아무 것도
- importare 중요하다
- interessare 관심 있다
- ultimo 마지막의, 최신의
- notizia 소식
- telegiornale 뉴스

해석

신문 읽기

지노: 신문 샀니?
루치아: 아니, 신문 판매대가 닫혔어.
지노: 너는 죠반나에게 시내에서 사라고 말했니?
루치아: 아니, 그녀에게 아무 말 못했어. 내게 신문은 중요하지 않아.
지노: 그래도 네게 최신 소식은 관심 있지 않아?
루치아: 그래, 하지만 그걸 뉴스로 들어.

회화연습 20

1. Puoi aspettarmi? Sì, ______________ aspetto.

2. Ci capisci? No, non

3. Mi senti? Sì, ______________

4. Hai fatto l'esercizio? Sì, ______________

5. Ascoltate il professore? Sì, ______________

6. Ricordi la lezione? No, non ______________

7. Vi accompagno? Sì, ______________

8. Avete visto Ada? No, non ______________

9. Vedi Giorgio oggi? No, non ______________

10. Inviti Maria alla tua festa? Sì, ______________

직접 보어 대명사 (pronomi diretti)

1. ~을(를) 로 해석.
2. 약세형은 주로 동사 앞이나, 동사원형 뒤에 나온다.
3. 강세형은 주로 전치사와 함께 사용된다. per me, con te....

약세형	강세형
mi	me
ti	te
lo la La	lui lei Lei

ci	noi
vi	voi
li le Le	loro

Carlo, **mi** aspetti dopo la lezione? Sì, **ti** aspetto volentieri.
Carlo, **mi** aiuti a fare l'esercizio? Sì, **ti** aiuto volentieri.
Carlo, **ci** accompagni in macchina? Sì, **vi** accompagno volentieri.

Esercizio 20

Modello: Conosci quella signora? Sì, **la** conosco.
No, non **la** conosco.

1. Vuoi il mio giornale? No, ____________________
2. Vedi la mia borsa? Sì, ____________________
3. Vedete le mie sigarette? No, ____________________
4. Conosce quel signore? Sì, ____________________
5. Conoscete quelle ragazze? No, ____________________
6. Aspettate voi Paolo e Gino? Sì, ____________________
7. Dove incontrerai Maria? ____________________ al teatro.
8. Aspetterai tu le ragazze? Sì, ____________________ io.

피사 사탑

이탈리아 토스카나 지방에 기울어진 탑으로 유명한 도시 피사가 있다. 피사는 11세기 말에 제노바 · 베네치아와 대립하는 강력한 해상공화국으로서 번영하였다. 13세기에 이르러 제노바에 패하였으나 그 후에도 문예의 중심지로서 성장했으며, 갈릴레이도 이곳 대학에서 공부하였다. 이탈리아 중부를 흐르는 아르노강 하구 부근에 있는 오래된 도시로 도로 · 철도 등 교통의 요지이며 기계공업을 비롯한 많은 근대공업, 대리석 가공업 등이 발달해 있다. 주변 농업지대에서는 포도 · 올리브 · 곡물 등의 재배와 목축업도 활발하다. 1063년 부스케투스의 설계로 착공하여 건설된 피사 대성당이 지어지고도 이 피사 마을에는 미사시간을 알리는 종탑이 없었다. 뒤늦게 갖게된 종탑이니 만큼 피사 사람들은 지금까지 어떤 종탑보다 아름답고 높은 종탑이 지어지길 바랬었다. 그러나 1173년 착공되어 1372년까지 3차례에 걸쳐 약 200년 동안 공사가 진행되었는데, 1173년에서 1178년 사이에 진행된 1차 공사 이후 지반 토질의 불균형으로 인해 기울어졌다. 그 뒤 2차 공사에서 이를 수정하여 다시 건설하였으나 그 기우는 현상은 계속되었다. 1990년 이탈리아 정부는 경사각을 수정하기 위한 보수공사를 착수하였고 10년에 걸쳐 보수작업을 진행한 결과로 현재 기울어짐 현상은 5.5°에서 멈춘 상태이다. 2001년 6월 일반에 다시 공개하였으나 그 보존을 위해 입장객의 수를 한 회 30명씩으로 제한하고 있다. 이 사탑은 갈릴레오가 물체 낙하실험을 한 곳이기도 하다. 세상에서 가장 높은 탑은 되지 못했지만 후손들에게 세상에 하나 밖에 없는 유산을 남겨 주었다. 피사 사탑은 세계문화유산에 등재되어 있고 58.36m 높이의 8층 석탑을 뱅글뱅글 걸어 종탑 꼭대기에 오르다 보면 숨이 차고, 12세기 건축물을 아무 금지 사항 없이 오른다는 자체가 위대한 건축물임을 증명해 준다.

Unità
21 In salotto

Sergio	Che vuoi bere, Carla?
Carla	Preparami acqua tonica con gin. Tu che prendi?
Sergio	Mi piace bere una birra.
Carla	Che cosa farai il fine settimana?
Sergio	Niente speciale.
Carla	Mi piacerebbe fare un giro in macchina con te...

단어

- salotto 거실
- bere 마시다
- preparare 준비하다
- acqua 물
- acqua tonica 토닉 워터
- birra 맥주
- fine settimana 주말
- niente 아무것도
- speciale 특별한
- piacere 좋아하다
- fare un giro in macchina 자동차 타고 드라이브하다

해석

거실에서

세르지오: 뭐 마실래, 카를라?
카를라: 내게 진 토닉 한잔 준비해 줘. 너 뭐 마시는데?
세르지오: 나는 맥주 마시고 싶어.
카를라: 주말에 뭐 할 거야?
세르지오: 특별한 거 없어.
카를라: 나는 너와 자동차 타고 드라이브했으면 좋겠는데...

회화연습 21

1. Helen (a me) ________ ha dato il suo indirizzo.

2. (A te) ______ ho parlato del mio nuovo lavoro?

3. I miei genitori (a lui) ________ hanno prestato la macchina.

4. (A lei) ________ piacerebbe venire con noi.

5. Gli amici (a noi) ________ hanno detto del tuo arrivo.

6. Giorgio (a loro) ________ la strada giusta.

7. (A me) ________ ha regalato questo orologio?

간접 보어 대명사 (pronomi indiretti)

1. '~에게'로 해석.
2. 강세형은 전치사 a와 더불어 쓴다.

무강세형	강세형
mi	a me
ti	a te
gli le Le	a lui a lei a Lei
ci	a noi
vi	a voi
gli	a loro

piacere(좋아하다) 동사와 간접보어 대명사

piacere		
mi ti gli le Le	piace	il caffè. la musica. Venezia. viaggiare
ci vi gli Gli	piacciono	gli spaghetti i fiori i begli abiti

<table>
<tr><th colspan="6">piaciuto/a piaciuti/e</th></tr>
<tr><td rowspan="2">Ti
Le</td><td rowspan="2">è</td><td colspan="2">piaciuto</td><td colspan="2">il film?</td></tr>
<tr><td colspan="2">piaciuta</td><td colspan="2">la commedia?</td></tr>
<tr><td rowspan="2">Ti
Le</td><td rowspan="2">sono</td><td colspan="2">piaciuti</td><td colspan="2">gli attori?</td></tr>
<tr><td colspan="2">piaciute</td><td colspan="2">le attrici?</td></tr>
<tr><td rowspan="2">Sì,</td><td rowspan="2">mi</td><td rowspan="2">è</td><td colspan="3">piaciuto</td></tr>
<tr><td colspan="3">piaciuta</td></tr>
<tr><td rowspan="2">Sì,</td><td rowspan="2">mi</td><td rowspan="2">sono</td><td colspan="3">piaciuti</td></tr>
<tr><td colspan="3">piaciute</td></tr>
<tr><td rowspan="2">No,</td><td rowspan="2">non</td><td rowspan="2">mi</td><td rowspan="2" colspan="2">è</td><td>piaciuto</td></tr>
<tr><td>piaciuta</td></tr>
<tr><td rowspan="2">No,</td><td rowspan="2">non</td><td rowspan="2">mi</td><td rowspan="2" colspan="2">sono</td><td>piaciuti</td></tr>
<tr><td>piaciute</td></tr>
</table>

Esercizio 21

Modello: Che cosa piace bere a tua zia?
Le piace bere un acqua minerale.

1. Chc cosa ti piace bere, quando hai sete?

____

2. Che cosa piace bere a tua sorella, quando fa caldo?

____

3. E a Lei che cosa piace bere a colazione, tè o caffè?

____

4. Le piace il vestito di quella ragazza?

____

5. Vi è piaciuta Venezia?

____

6. Vi è piaciuto andare in gondola?

____

7. Le piace questa pizza?

____

8. Vi piacciono gli spaghetti con le vongole?

____

폼페이

기원 후 79년 8월 24일 이탈리아 남부 나폴리 연안 에트나 화산의 거대한 폭발로 소멸 되었다가 다시 1592년 운하 건설 과정에서 건물과 회화 작품이 발견되어 다시 역사상에 나타나게 되었다. 당시는 본격적인 발굴을 하기 힘든 상황이었고 1784년 이탈리아를 지배하고 있던 프랑스 부르봉 왕조가 발굴 작업을 시작했다. 약탈에 가까웠던 이 발굴 작업에서 아름다운 출토품만 중요시 취급되어 프랑스 왕궁으로 실려 갔기 때문에 나머지 유물들에 대한 가치 평가는 이루어지지 못했었다. 그 후 1861년 이탈리아가 통일 되면서 국왕 빅토르 에마뉴엘 2세는 주셉페 피오렐리 고고학자를 중심으로 조직적인 발굴 작업을 하였다. 그 후로도 발굴 작업은 계속 되어, 현재 그 도시의 5분의 4가 드러나게 되었다. 폼페이 유적지를 가 보면 2000년이 흐른 지금 시점에 인류는 그리 발전한 게 없다는 생각이 든다. 당시의 도시 구획도 너무나 규모 있게 잘 되어 있어 개인들의 주거 환경 장소와 공공 일을 함께 했던 장소와 구분이 분명하다. 한 개인 집의 벽화나 욕실의 바닥의 대리석 타일도 2000년이란 세월의 흐름을 무색하게 하고 있다.

Unità 22 Dialogo fra Antonio e Mara

Antonio	Non ha mica visto il mio dizionario?
Mara	No, mi dispiace. Dove l'ha messo?
Antonio	L'ho messo sul banco pochi minuti fa e non trovo più.
Mara	Per ora prenda il mio!
Antonio	Grazie!

단어

- mica 전혀 ~ 아니다
- dizionario 사전
- mi dispiace = I'm sorry. 미안합니다. 유감스럽습니다.
- mettere (p.p. messo) 두다, 놓다
- banco (강의실용) 책상
- poco 조금
- minuto 분
- trovare 찾다
- ora 지금, 시
- prendere 취하다, 가져가다
- fa ~전에

해석

안토니오와 마라의 대화

안토니오: 내 사전을 전혀 못 보셨나요?
마라: 못 봤어요, 미안하지만. 그것을 어디에 뒀나요?
안토니오: 몇 분전에 책상 위에 뒀었는데 더 이상 못 찾겠네요.
마라: 지금은 제 것으로 쓰세요!
안토니오: 감사합니다!

회화연습 22

Ripetere lo stesso dialogo: sostituire a 'il mio dizionario', '**la mia borsa**'

근과거와 보어 대명사 활용표

<table>
<tr><td rowspan="4">Ho visto</td><td>Manuela</td><td rowspan="4">e</td><td colspan="2">l'ho salutata.</td></tr>
<tr><td>Manuela e Maria</td><td colspan="2">le ho salutate.</td></tr>
<tr><td>Paolo</td><td colspan="2">l'ho salutato.</td></tr>
<tr><td>Paolo e Antonio</td><td colspan="2">li ho salutati.</td></tr>
<tr><td rowspan="4">Ho preso</td><td>la penna</td><td rowspan="4">e</td><td>l'ho messa</td><td rowspan="4">nella borsa</td></tr>
<tr><td>le matite</td><td>le ho messe</td></tr>
<tr><td>il libro</td><td>l'ho messo</td></tr>
<tr><td>i fogli</td><td>li ho messi</td></tr>
</table>

Esercizio 22

Modello: Hai incontrato Lucia? Sì, **l'**ho incontrat**a**.
No, non **l'**ho incontrat**a**.

1) Quando hai visto Maria l'ultima volta?
_______________________ domenica scorsa.

2) Avete spento le lampade?
No, _______________________

3) Hai preso il caffè?
Sì, _______________________

4) Ha cambiato i soldi?
No, _______________________

5) Ha preparato le Sue valigie?

Sì, ______________________________

6) Avete visto la commedia in TV?

No, ______________________________

7) Hai letto l'ultimo libro di Umberto Eco?

No, ______________________________

8) Avete preso la borsa?

Sì, ______________________________

9) Avete invitato i signori Curti?

Sì, ______________________________

10) Hai ringraziato la zia?

Sì, ______________________________

베네치아

환상적인 물의 도시 베네치아! 베네치아만(灣) 안쪽의 석호 위에 흩어져 있는 118개의 섬들이 약 400개의 다리로 이어져 있다. 섬과 섬 사이의 수로가 중요한 교통로가 되어 베네치아는 독특한 시가지를 이루고 있다. 베네치아는 이탈리아의 어떤 지역보다도 볼 것, 먹을 것, 살 것, 느낄 것이 다양한 도시이다. 곤돌라와 대중수상버스인 바포레토(Vaporetto)를 타고 물 안개 핀 바다 위를 가다보면 동화 속 인물과도 같이 신비의 세계로 빠져들어 가고 있다는 환상에 빠지게 된다.

베네치아의 역사는, 567년 이민족에 쫓긴 롬바르디아의 피난민이 만(灣) 기슭에 마을을 만든 데서 시작된다. 6세기 말에는 12개의 섬에 취락이 형성되어 리알토섬이 그 중심이 되고, 이후 리알토가 베네치아 번영의 심장부 구실을 하였다. 처음 비잔틴의 지배를 받으면서 급속히 해상무역의 본거지로 성장하여 7세기 말에는 무역의 중심지로 알려졌고, 도시공화제(都市共和制) 아래 독립적 특권을 행사하였다. 10세기 말에는 동부지중해 지역과의 무역으로 얻은 경제적 번영으로 이탈리아의 자유도시들 중에서 가장 부강한 도시로 성장하였다. S자형의 대운하가 시가지 중앙을 관통하고, 출구 쪽의 운하 기슭에 장대한 산마르코 광장(廣場)이 자리한 기본적인 도시형태는 산마르코 대성당을 비롯한 교회 · 궁전 등과 더불어 13세기에 이미 완성되어 있었다. 산마르코 대성당의 5개의 원형 지붕에서 볼 수 있듯이, 베네치아의 몇몇 건축물에서는 동방의 영향을 반영하는 비잔틴풍이나 또는 오리엔트풍의 건축양식을 볼 수 있다.

바다에 떠 있기 때문에 같은 파스타나 피자도 해산물을 이용해서 맛있고 특이하다. 베네치아는 가면 축제와 베니스 영화제 같은 국제적인 행사가 전통을 자랑하며 매년 많은 관광객들을 베네치아 끌어 들이고 있다. 무라노섬의 유리공예 또한 너무나 아름다워 유리인지 보석인지 모를 정도이다.

베네치아는 십자군(十字軍) 원정에 힘입어서 동방무역을 확대하고, 나아가서 현재 그리스의 여러 섬들을 비롯한 동부지중해 지역에 영토를 확대함으로써 14~15세기 초에 해상무역공화국으로서의 전성기를 맞이하였다. 따라서 베네치아는 점차 오늘날의 베네토주의 풍요한 농업지대의 중심 도시로서의 성격을 띠게 되었다. 도시경제의 쇠퇴와 페스트의 유행으로 16세기에는 인구가 10만으로 감소하였다. 1797년에는 나폴레옹 1세에 의해 점령되었고, 1866년에 이탈리아 왕국군에 점령되기까지 반 세기 이상은 오스트리아의 영토가 되었다.

베네치아는 로마 · 피렌체와 더불어 이탈리아의 중요한 관광지이다. 대학 및 시(市) 동부의 현대미술전시장에서의 국제비엔날레, 리도의 국제영화제, 페니체극장에서의 음악 등 문화활동도 활발하다. 그러나 구시가지는 면적이 한정되어 있고, 현대생활에는 편리한 환경이 될 수 없으므로 대안부의 도시화가 현저하다. 대안부의 공업은 화학 · 기계공업이 중심이며, 공업항을 포함한 베네치아항의 취급물량은 이탈리아 제 3위를 차지한다.

Unità 23

Chi cerca trova

Nonno Chi ha visto i miei occhiali?

Rita Io, nonno, li ho visti.

Nonno Dove li hai visti?

Rita Che mi dai se te lo dico?

Nonno Ti compro un gelato con tante fragole. Ti piacciono le fragole, vero?

Rita Sì, nonno. Eccoli! li ho trovati sulla poltrona. Ma come mai li perdi sempre?

Nonno Così tu li trovi e ricevi un regalino.

단어

- chi 누구
- cercare 찾다
- trovare 찾다
- nonno 할아버지
- occhiali 안경
- se 만약~하면
- comprare 사다
- gelato 아이스크림
- tanto 많은
- fragola 딸기
- piacciono (piaciare) 좋아하다
- ecco 여기 ~가 있다
- poltrona 소파, 안락의자
- come mai 도대체 왜?
- perdere 잃어버리다
- sempre 항상
- ricevere 받다
- regalo 선물 (regalino 작은 선물)

해석

구하는 자가 찾는다

할아버지: 누가 내 안경 봤어?
리타: 저요, 할아버지, 네기 그걸 봤이요.
할아버지: 그걸 어디서 봤어?
리타: 그걸 말씀해 드리면 제게 뭘 주실 거죠?
할아버지: 네게 딸기가 듬뿍 든 아이스크림 사줄게. 너 딸기 좋아하지, 그렇지?
리타: 네, 할아버지. 그거 여기 있어요! 그걸 소파 위에서 찾았어요. 그런데 도대체 왜 항상 그걸 잃어버리시죠?
할아버지: 이렇게 해서 넌 그걸 찾아 주고 작은 선물을 받잖니.

회화연습 23

Rispondere alle domande.

1. Che cosa ha perduto il nonno?
2. Chi li ha trovati?
3. Dove li aveva lasciati?
4. Che cosa riceve Rita ogni volta che trova qualcosa, che il nonno ha perduto?

복합대명사 (Pronomi combinati) 문장 연습

1. 내가 너에게 그것을 선물할 게 (te la regalo).
   - Che bella penna! **Me la** presti? 멋진 펜이네! 내게 그걸 빌려줄래?
   - Ti piace? La vuoi? **Te la** regalo. 마음에 들어? 그걸 갖고 싶니?
     너에게 그걸 선눌할게.
   - Che bel disco! **Me lo** presti? 멋진 디스크구나! 내게 그걸 빌려줄래?
   - Ti piace? Lo vuoi? **Te lo** regalo. 마음에 들어? 그걸 갖고 싶니?
     너에게 그걸 선물할게.
   - Che occhiali fantastici! **Me li** dai? 환상적인 안경이구나! 내게 그걸 줄래?
   - Ti piacciono? Li vuoi? **Te li** regalo. 마음에 들어? 그걸 갖고 싶니?
     너에게 그걸 선물할게.

• Che matite originali! **Me le** fai vedere? 오리지날 연필이구나! 내게 그걸 보여줄래?
• Ti piacciono? Le vuoi? **Te le** regalo. 마음에 들어? 그걸 갖고 싶니?
너에게 그걸 선물할게.
• Che bella chitarra! **Ce la** presti? 멋진 기타구나! 우리에게 그걸 빌려줄래?
• Vi paice? La volete? **Ve la** presto. 마음에 들어? 그걸 갖고 싶니?
너희들에게 그걸 빌려줄게.
• Che bel libro! **Ce lo** presti? 멋진 책이구나! 우리들에게 그걸 빌려줄래?
• Vi piace? Lo volete? **Ve lo** presto. 마음에 들어? 그걸 갖고 싶니?
너희들에게 그걸 빌려줄게.
• Che amici simpatici! **Ce li** presenti? 정이 많은 친구들이구나!
우리들에게 그들을 소개할래?
• Che amiche carine! **Ce le** presenti? 예쁘고 깜찍한 여자친구들이구나!
우리들에게 그녀들을 소개할래?
• Vi piacciono? Le volete conoscere? 마음에 들어? 그녀들을 알고 싶니?
Ve le presento. 너희들에게 그녀들을 소개할게.

2. 그녀에게/ 그에게/ 당신께 그것을 빌려줄 게 (glielo presto).
• **A Pietro** piace la mia macchina? 피에트로가 내 차를 좋아해?
La vuole provare? 그는 그걸 타 보고 싶어 하니?
Gliela presto volentieri. 나는 그녀에게 그걸 기꺼이 빌려주었어.
• **A Maria** piace il mio motorino? 마리아가 내 오토바이를 좋아해?
Le vuole provare? 그녀는 그걸 타 보고 싶어 하니?
Glielo presto volentieri. 그녀에게 그걸 기꺼이 빌려주겠어.
• **Ai tuoi amici** piacciono i miei dischi? 너의 친구들이 나의 디스크를 좋아해?
Li vogliono ascoltare? 그들이 그걸 듣고 싶어 해?
Glieli presto. 그들에게 나는 그걸 빌려주겠어.
• **Alle tue amiche** piacciono le mie foto? 네 여자친구들이 내 사진을 좋아해?
Le vogliono vedere? 그녀들이 그것들을 보고 싶어 해?
Gliele presto. 그녀들에게 그것들을 빌려주겠어.
• Signora, **Le** va un caffè? 부인, 당신에게 커피 한 잔 좋은가요?
Lo vuole? 그걸 원하세요?
Glielo offro volentieri. 당신께 그것 기꺼이 제공할게요.
• Professore, **Le** va una birra? 교수님, 맥주 한 잔 어떠세요?
La vuole? 그걸 원하세요?
Gliela offro volentieri. 당신께 그걸 기꺼이 제공할게요.

- Signor Rossi, **Le** vanno gli spaghetti? 롯씨 선생님, 스빠겟티 어떠세요?
  Li vuole? 그걸 원하세요?
  Glieli porto subito. 당신께 그걸 가져갈게요.

- Signorina, **Le** vanno le tagliatelle? 아가씨, 딸리아뗄레(파스타의 일종) 어떠세요?
  Le vuole? 그걸 원히세요?
  Gliele porto subito. 당신께 그걸 곧 가져갈게요.

3. 그는/ 그녀는 나에게 그것을 빌려 주었어(me l'ha prestato).
   - È tuo **questo motorino**? 이 오토바이 너의 것이니?
     No, **me l'**ha prestat**o** Roberto. 아니 로베르토가 그걸 내게 빌려줬어.
   - È tua **questa macchina**? 이 자동차 너의 것이니?
     No, **me l'**ha prestata mio padre. 아니 나의 아버지가 내게 그걸 빌려주셨어.
   - Sono tuoi **questi libri**? 이 책들이 너의 것이니?
     No, **me li** ha prestat**i** il professore. 아니, 내게 교수님께서 그것들을 빌려주셨어.
   - Sono tue **queste matite**? 이 연필들이 너의 것이니?
     No, **me le** ha prestat**e** Giovanna. 아니, 죠반나가 그것들을 빌려주었어.

4. 그녀는/ 그는 나에게 하나를 빌려 주었어 (me ne ha prestata una).
   - Quante matite ti ha prestato Lucia? 몇 개의 연필을 루치아가 내게 빌려주었니?
     Me ne ha prestata **una (matita)** 내게 하나 빌려주었어.
   - Quante cartoline ti ha scritto Enzo? 엔조는 몇 장의 엽서를 네게 썼니?
     Me ne ha scritte **due (cartoline)**. 내게 두 장을 썼어.
   - Quanti libri ti ha dato il professore? 교수님이 몇 권의 책을 빌려주셨니?
     Non **me ne** ha dato **nessuno (libro)** 내게 전혀 빌려주지 않으셨어.
   - Quanti regali ti ha fatto Paolo? 파올로는 얼마큼의 선물들을 내게 했니?
     Me ne ha fatti **moltissimi (regali)** 내게 많은 선물을 했어.

Esercizio 23

> Modello: Hai incontrato Lucia? Sì, l'ho incontrata.
> No, non l'ho incontrata.

1) Quando hai visto Maria l'ultima volta?
   ______________________ domenica scorsa.
2) Avete visto i miei occhiali?
   No, ______________________
3) Avete spento le lampade?
   Sì, ______________________
4) Hai preso il caffè?
   Sì, ______________________
5) Ha cambiato i soldi?
   No, ______________________
6) Ha preparato le Sue valigie?
   Sì, ______________________
7) Avete visto la commedia in TV?
   No, ______________________
8) Hai letto l'ultimo libro di Umberto Eco?
   No, ______________________
9) Ha preso la borsa?
   Sì, ______________________
10) Avete preso l'ombrello?
    Sì, ______________________
11) Chi ha chiuso le finestre?
    No, ______________________
12) Avete invitato i signori Curti?
    Sì, ______________________
13) Hai ringraziato la zia?
    Sì, ______________________
14) Hai preso tu il mio dizionario?
    No, ______________________

르네상스

르네상스는 학문 또는 예술의 재생 · 부활이라는 의미를 가지고 있는데, 프랑스어의 renaissance, 이탈리아어의 rinascimento에서 어원을 찾을 수 있다. '르네상스'라는 명칭은 16세기 이탈리아의 문학사가였던 조르지오 바사리(Giorgio Vasari)가 그의 저서 〈위대한 예술가들의 생애(Vite dei più eccelenti pittori, scultori ed architetti)〉에서 처음 사용한 이래 13세기부터 16세기 까지의 유럽문화 현상을 지칭하는 명사로 정착되었다. 고대의 그리스 · 로마 문화를 이상으로 하여 이들을 부흥시킴으로써 새 문화를 창출해 내려는 운동으로, 그 범위는 사상 · 문학 · 미술 · 건축 등 다방면에 걸친 것이었다. 5세기 로마 제국의 몰락과 함께 중세가 시작되었다고 보고 그때부터 르네상스에 이르기까지의 시기를 야만시대, 인간성이 말살된 시대로 파악하고 고대의 부흥을 통하여 이 야만시대를 극복하려는 것을 특징으로 한다. 이 운동은 14세기 후반부터 15세기 전반에 걸쳐 이탈리아에서 시작되었다는데, 이는 이탈리아가 일찍부터 유럽의 어느 지역보다도 더 도시활동이 활발한 지역이었고 게르만 문화가 지배적인 중세 천 년 동안 고대 로마의 전통이 어느 정도 남아 있어서 중세의 두 요소인 봉건제도와 장원경제가 깊이 뿌리 내리지 못한 지역이었다. 이러한 조건은 농촌 경제가 주종인 다른 유럽 지역과는 달리 상공업이 발달할 수 있는 좋은 토양이어서 경제적 부를 축척한 이탈리아는 이 시기 유럽의 경제와 문화의 중심지로 떠오르게 된다. 이러한 도시의 활발한 분위기와 경제력은 르네상스 운동의 배경이 되었다. 이 운동은 곧 프랑스 · 독일 · 영국 등 북유럽 지역에 전파되어 각각 특색 있는 문화를 형성하였으며 근대 유럽문화 태동의 기반이 되었다.

14~17세기는 유럽 역사에 있어서 위대한 변화의 시기였다. 당시 유럽에서는 중세 기독교의 도그마에 물들지 않은 고대 그리스 · 로마 문화를 연구하는 열기와 운동이 서서히 움트고 있었다. 르네상스라는 개념 형성은 이미 그 시대에 이루어진 것이라고 할 수 있다. 르네상스 사상의 기본요소는 이탈리아의 서정시인 프란체스코 페트라르카가 설정했다고 할 수 있다. 그는 고대를 문화의 절정기로 보는 반면, 중세를 인간의 창조성이 철저히 무시된 '암흑시대'라고 봄으로써 문명의 재흥과 사회의 개선은 고전학문의 부흥을 통하여 가능하다고 주장했다. 이러한 생각은 당시 인문주의자들이 가지고 있던 크나큰 확신이기도 했는데, 이들은 단순한 라틴 학문의 부흥에 그치는 것이 아니라 인간들의 지적 · 창조적 힘을 재흥시키려는 신념에 차 있었다. 그에 의한 서정시 주제는 주로 사랑과 자연의 아름다움 그리고 삶과 죽음에 관한 관념적인 것들이다. 이는 현대 서정시의 모태가 된다.

고대 그리스와 로마의 대 시인인 호메로스와 베르질리우스에 영향을 받은 작가들의 작품이 나오게 되었고, 찬미가 형식인 오드(Ode)와 비극과 희극이 융합된 희비극이 이 시대에 새롭게 자리하게 된다. 단테의 〈신곡(Divina Commedia)〉은 희비극의 일종이다. 그리고 근대 리얼리즘 소설의 기원을 이루는 novel의 원조격인 novella가 이탈리아의 작가 보카치오의 〈데카메론

(decameron)〉으로 등장하게 된다.

르네상스의 텃밭 피렌체는 원래 '꽃의 도시'라는 뜻이다. 형형색색의 꽃들이 울긋불긋 꽃대궐을 이룬 백 가지 꽃의 도시라는 뜻이다. 신이 아닌 사람이 세상의 중심이라 생각하는 인문주의의 기름진 텃밭에서 예술은 쑥쑥 자라기 시작하고, 꽃을 피우고 씨앗을 퍼뜨렸으며 그 씨앗은 알프스를 넘어 멀리 북유럽까지 날아갔다. 예술의 밤하늘을 수놓은 아름다운 별밭에서 가장 빛나는 별을 꼽으라면 단연 레오나르도와 미켈란젤로, 라파엘로이다. 또 남의 눈치 안 보는 브루넬레스키와 기베르티, 무뚝뚝한 고집쟁이 도나텔로와 베로키오, 별보다 더 맑은 영혼을 가졌던 안젤리코와 보티첼리 역시 모두 타고난 천품의 재능을 예술의 길을 밝히기 위해 쏟아 부었다. 이 큰 별들이 펼치는 휘황한 불꽃놀이는 그 뒤로도 몇백 년이나 예술의 하늘을 밝히게 된다. 색유리창과 벽걸이 양탄자를 완성할 화가도 고용해야 했다. 바닥 모자이크를 새겨 넣고 화려한 채색 필사본을 그릴 공예 조각가와 세밀화가도 한몫을 했다. 신이 주신 가장 큰 힘을 인간의 이성이라고 여기며 과학이 발전해 나갔다. 지구가 공처럼 둥글게 생겼다는 사실의 인정과 더불어 르네상스 시대에는 어느 방향에서 보더라도 둥글고 원만한 원형 교회가 생겨나기 시작했다. 교황청이 주둔할 로마 성 베드로 대성당의 설계도 역시 원형 건축이었는데, 이는 고대 건축에서 빌려온 것이다.

▲ 브루넬레스키, 피렌체 산 로렌초 교회

Unità 24 Come occupa il Suo tempo?

Intervista	Scusi, sto svolgendo un'indagine sul tempo libero. Posso farle qualche domanda?
Signorina	Sì, va bene.
Intervista	A che ora si sveglia la mattina?
Signorina	Mi sveglio alle sette.
Intervista	E si alza subito?
Signorina	Sì, mi alzo subito, mi lavo e mi vesto in fretta.
Intervista	Perché non può prepararsi con calma?
Signorina	Perché devo prendere l'autobus alle sette e trenta, se voglio arrivare in ufficio puntuale.
Intervista	A che ora finisce di lavorare?
Signorina	Finisco alle due. Torno a casa, pranzo, mi riposo un po', sbrigo qualche lavoro domestico oppure esco per fare la spesa.
Intervista	Non ha tempo libero?
Signorina	Sì, ma solo nel tardo pomeriggio.
Intervista	E come lo occupa?
Signorina	Mi piace leggere e ricamare. Inoltre due volte alla settimana, dalle sette alle otto, vado in palestra.

단어

- occupare 차지하다, 채우다
- svolgere (둘둘 말려있는 것을) 풀다, (연구, 조사를) 전개하다
- indagine 조사
- domanda 질문
- svegliarsi (잠을) 깨다
- mattina 아침
- alzarsi 일어나다
- subito 곧
- lavarsi 씻다
- vestirsi 옷을 입다
- in fretta 서둘러서, 급히

- calma 평온, 안정
- con calma 마음 편하게
- arrivare 도착하다
- puntuale 시간을 지키는
- finire 마치다, 끝내다
- lavorare 일하다
- tornare 돌아오다
- pranzare 점심 먹다
- riposarsi 쉬다
- sbrigare 급히 하다, 재빨리 처리하다
- domestico 가정의, 국내의
- oppure 혹은
- fare la spesa 장보다
- solo 오직
- tardo 늦은
- pomeriggio 오후
- ricamare 자수놓다
- inoltre 한편
- volta 회, 번
- palestra 체육관, 헬스 클럽

해석

당신의 시간을 어떻게 채우나요?

기자: 실례지만, 여가 시간에 대한 조사를 하고 있습니다. 당신께 몇 가지 질문 좀 해도 될까요?
아가씨: 네, 좋아요.
기자: 아침에는 몇 시에 깨세요?
아가씨: 7시에 깨요.
기자: 그리고 바로 일어나나요?
아가씨: 바로 일어나서 씻고 서둘러 옷을 입어요.
기자: 침착하게 준비하지 그래요?
아가씨: 사무실에 시간 맞춰 도착하길 원하면 7시 30분에 버스를 타야해요.
기자: 몇 시에 일을 마치나요?
아가씨: 2시에 마쳐요. 집에 돌아와 점심 먹고 잠시 쉬고, 몇 가지 집안일을 서둘러 처리하거나 장보러 나가요.
기자: 한가한 시간은 없으신가요?
아가씨: 있어요, 하지만 늦은 오후에 만요.
기자: 어떻게 그 시간을 채우세요?
아가씨: 책을 읽거나 수놓은 것을 좋아해요. 한편 일주일에 두 번 7시부터 8시까지 헬스 센타에 가요.

회화연습 24

1. Io mi sveglio, tu ________, Sara ________, noi ________, tu e Silvia ________, loro ________.
2. Io mi lavo, tu ________, lui ________, tu e io ________, voi tre ________, loro due ________.

3. Io mi vesto, tu ________, il bambino ________, noi ________, voi due ________ loro ________.
4. Io mi preparo, tu ________, nessuno ________, noi ________ voi ________, tutti ________.
5. Io mi riposo, tu ________, Omar ________, noi ________, voi ________, le ragazze ________.
6. Io mi pettino, tu ________, Tom ________, noi ________ voi ________, Emily e John ________.

재귀동사와 재귀대명사

1. 주어의 행위가 자신에게 돌아오는 동사 (주어=목적어) (1단원 참조)
2. 재귀동사 원형은 alzare (일으키다– 타동사) + si (재귀대명사 – oneself) = alzarsi 가 된다.

재귀동사와 재귀대명사		
직설법 현재 – alzarsi		
io	mi alzo	alle 7
tu	ti alzi	presto
lui/lei/Lei	si alza	prima di me
noi	ci alziamo	subito
voi	vi alzate	con fatica
loro	si alzano	sempre tardi

재귀동사와 재귀대명사		
직설법 근과거 – divertirsi		
io	mi sono divertito	molto
tu	ti sei divertito	ieri sera
lui/lei/Lei	si è divertito/a	al cinema
noi	ci siamo divertiti	con te
voi	vi siete divertiti	insieme a John
loro	si sono divertiti	a giocare a carte

Esercizio 24

Modello: Non mi sono abituata ad alzarmi presto.
Non ci siamo abituate ad alzarci presto.

1) Paolo non si è ancora abituato ad alzarmi presto.
Paola e Mario ______________________

2) Se vuole divertirsi, stasera deve venire con noi.
____

3) Non mi sono ricordata di portare i quaderni.
____

4) Graziella non si è ricordata di portare il dizionario.
Graziella e Marco ______________________

5) Non posso ricordarmi chi ha telefonato ieri sera.
____

6) Domani è domenica: a che ora si alzerà?
____

7) La signorina non si sente bene. Vuole andare a casa.
____

8) Paola si guarda nello specchio ogni volta che si pettina e si mette il rossetto.
Paola e Simone ______________________

메디치 가문과 우피치 박물관

이탈리아 르네상스운동의 중심에는 메티치 가문이 있다. 메디치 가문은 피렌체 시골 소 농장주에서 금화 찍어 내는 일을 하다가 유럽의 무역의 중심적 환전상으로 탈바꿈하여 교황청의 환전업무를 담당하다가 1297년 메디치 은행을 탄생시키며 부를 축척하게 된다. 300년 동안 부를 영위하며 메디치 가문은 피렌체를 위하여 많은 일을 하였으며 르네상스를 꽃피운 많은 문인들과 예술가들을 후원하였고 그들의 재산을 페렌체에 헌납하였기에 아직도 후손들의 기억에 자리하는 가문이 되었다. 한 가문에서 교황이 2명 탄생하였고, 2명의 프랑스 왕비를 낳았고, 오페라의 시작과 여성승마복의 탄생, 하이힐 역사를 이루어 낸 가문이다. 그리스의 고서와 서적, 예술품들을 모조리 사들였다고 한다. 그렇게 모은 장서로 도서관을 만들었으며 예술품들은 자신의 집과 후원(後園)을 장식하였다고 한다. 그의 후원(後園)에서는 어떤 예술가라도 실력만 있다면 누구든 들어와서 작업을 할 수 있었는데, 그 유명한 미켈란젤로, 레오나르도 다 빈치, 보티첼리도 그의 후원(後園)에서 작업을 했다고 한다. 메디치가의 부와 후원에 힘입어 탄생하게 된 박물관이 우피치 박물관이다. 피렌체의 갈레리아 우피치 박물관을 돌아 보면 한 집안의 부가 어디까지였나를 느낄 수 있으며 르네상스, 바로코, 로코코시기의 작품들만 모아 둔 박물관으로서는 최고가 아닌가 생각한다.

▲ 보티첼리의 〈비너스의 탄생〉

Unità 25 In una boutique

In una boutique in un moderno centro commerciale una signora sta provando un vestito da sera con paluzze d'oro.

Signora	Ha niente di più elegante di questo modello?
Commessa	Certamente, signora: abbiamo modelli esclusivo, che naturalmente sono molto più cari.
Signora	Non mi importa quanto costano! Me ne faccia provare alcuni, La prego.
Commessa	Si accommodi nella sala blu: ci sono più specchi.

단어

- boutique 부띠끄, 주로 여성복과 장식품 전문 옷가게
- moderno 현대의
- centro 중심(가)
- commerciale 상업(의)
- provare 시도하다, 입어보다
- vestito 옷
- paluzza 조각, 장식
- oro 금
- niente 아무것도
- elegante 우아한
- esclusivo 예외적인, 특이한
- naturalmente 물론, 당연히
- caro 비싼, 사람스러운
- importare 중요하다
- accommodarsi 편히 하다, 앉다
- alcuno 어떤, 몇몇의
- specchio 거울

해석

부띠끄에서

현대적인 상업중심지에 있는 한 부띠끄에서 한 부인이 금장으로 장식된 이브닝 드레스를 입어보고 있다.

부인: 이 모델 보다 더 우아한 건 없나요?
점원: 물론 있죠, 부인: 우리는 특이한 모델들을 갖고 있어요, 당연히 훨씬 비쌉니다.
부인: 얼마인지는 중요하지 않아요! 부탁컨대, 내가 몇 개 좀 입어보게 해 주세요.
점원: 블루실을 편히 사용 하세요: 더 많은 거울이 있습니다.

비교급, 동등비교, 최상급

Lo zio di Carlo Lo studente Paolo	è	più meno	giovane alto ricco elegante buono	di	Marco. te.

Lo zio di Carlo Lo studente Paolo	è	tanto così	giovane alto ricco elegante buono	quanto come	Marco. te.

Piazza Cavour Quella casa Questa tavola	è	più	larga	che	lunga.

Il treno	è	più comodo	dell'auto

Con il treno	si viaggia	più comodamente	che	con l'auto.

<table>
<tr><td rowspan="3">Suo zio</td><td rowspan="3">è</td><td colspan="2">ricchissimo
simpaticissimo
contentissimo</td></tr>
<tr><td>molto
asssai
tanto</td><td>riccio
simpatico
contento</td></tr>
<tr><td colspan="2">ricco
simpatico
contento</td></tr>
</table>

Esercizio 25

Modello: Questa mela è buona.
Questa mela è buonissima.
Questa mela è molto buona.

1) La zia di Clara è generosa.
La zia di Clara è ________________
La zia di Clara è ________________

2) Quegli alberi sono alti.
Quegli alberi sono ________________
Quegli alberi sono ________________

3) Marinella e Gabriella sono ragazze simpatiche.
Marinella e Gabriella sono ragazze ________________
Marinella e Gabriella sono ragazze ________________

4) Quella signora abita in un vecchio palazzo.
Quella signora abita in un ________________
Quella signora abita in un ________________

5) L'automobile è un mezzo utile.
L'automobile è un mezzo ________________
L'automobile è un mezzo ________________

6) Quell'unversità è famosa.
Quell'unversità è ________________
Quell'unversità è ________________

7) Ieri sera a casa vostra siamo stati bene.
Ieri sera a casa vostra siamo stati ________________
Ieri sera a casa vostra siamo stati ________________

8) Ho molto sonno: stamattina mi sono alzata presto.
Ho molto sonno: stamattina mi sono alzata ________________
Ho molto sonno: stamattina mi sono alzata ________________

9) Vorrei un bicchiere di latte caldo.
Vorrei un bicchiere di latte ________________
Vorrei un bicchiere di latte ________________

명품과 쇼핑

이탈리아는 장인정신의 전통으로 우리에게 익히 알려져 있는 명품들이 많이 있다. Gucci, Ferragamo, Missoni, Armani, Dolce & Gabbana, Prada, Benetton, Bally, MaxMara, Celine, Diesel, Bottega Venetta, Ferrari, Lamborghini…

이런 명품들을 가져보는 것도 행복한 순간이 될 수 있겠지만 그저 아이 쇼핑만 하는 것도 또한 우리의 감각을 상당히 상승시켜 줄 것이다. 이탈리아는 각 지역에 따라 쇼핑도 다양하게 할 수 있지만 여기서는 뭐니뭐니해도 이탈리아의 뉴욕, 밀라노 쇼핑을 보자.

몬테나폴레오네 거리는 두오모 왼편에 있는 갈레리아 엠마뉴알레 빗토리오II 쇼핑센터이다. 5층으로 길게 늘어서 있는 이 쇼핑센타는 이탈리아 명품 외에도 국외 내놓으라는 명품 브랜드를 다 볼 수 있는 어마어마한 쇼핑센타이다. 이곳에서 사고 싶은 거를 사기엔 쉽지 않겠지만 보는 것 만으로도 황홀감을 만끽할 수 있을 것이다. 그래도 손에 쥔 것이 없으면 아무래도 허전할 텐데 이 거리가 지나면 그 허선함을 날랠 수 있는 부에노스 아이레스거리가 이어진다. 이 거리에는 '끼꼬(Chicco)'라는 이탈리아 유아용품 브랜드를 비롯한 유아용품, 아동용품 뿐만 아니라 진귀하고 특이한 개인 브랜드의 용품들을 보고 살 수 있는 거리이다.

Chiave

Esercizio 1

1) è tedesco
2) è australiana
3) è greco
4) è spagnola
5) è americano
6) è giapponese
7) sei coreano(a)
8) è inglese

Esercizio 2

1) Sono francese, di Parigi.
2) Sono spagnolo, di Granada.
3) Sono tedesco, di Berlino.
4) Sono americano, di New York.
5) Sono giapponese, di Tokyo.
6) Sono cinese, di Pechino.
7) Sono italiano, di Roma.
8) Sono inglese, di Londra.

Esercizio 3

1) bottiglia - una bottiglia - la bottiglia - le bottiglie
2) svizzero - uno svizzero - lo svizzero - gli svizzeri
3) inno - un inno - l'inno - gl'inni
4) cavallo - un cavallo - il cavallo - i cavalli
5) albero - un albero - l'albero - gli alberi
6) giornale - un giornale - il giornale- i giornali
7) film - un film - il film - i film
8) bambina - una bambina - la bambina - le bambine
9) università - un'università - l'università - le università
10) studentessa - una studentessa - la studentessa - le studentesse

Esercizio 4

1) Le penne gialle sono delle signorine.
2) I fiori sono nei vasi.
3) Sui tavoli ci sono i libri d'italiano.
4) Nelle stanze ci sono dei quadri.
5) I giornali sono sulle sedie.
6) Gli studenti sono seduti davanti alle lavagne.
7) I fogli sono sui banchi.
8) Le borse sono nelle aule.

Esercizio 5

1) le mie valigie
2) i miei amici
3) le tue matite e le tue penne
4) le sue amiche
5) i miei professori
6) I miei fratelli
7) le mie sorelle
8) le sue figlie

Esercizio 6

1) Nella stanza ci sono due armadi.
2) Sul tavolo ci sono due libri e due giornali.
3) Sul banco ci sono due quaderni.
4) Alla parete ci sono due quadri.
5) Nella borsa ci sono due penne e due matite.
6) Nella macchina ci sono due signore giovani.
7) Sulla sedia ci sono due borse.
8) Sul soffitto ci sono due lampade.

Esercizio 7

1) sua
2) sua
3) mie
4) suoi
5) sua
6) suoi
7) suo
8) sua

Esercizio 8

1) ascoltiami
2) dorme
3) preferisce
4) leggono
5) preparano
6) sentite
7) ricevi
8) mangia
9) parti
10) impara

Esercizio 9

1) quattordici
2) diciassette
3) ventotto
4) sessantaquattro
5) ottantacinque
6) centocinquantanove
7) tremilaottocentosessantadue
8) sessantatremilaquattrocentoottantuno
9) novantaseimilionicinquecentotrentaseimilasettecentoventotto
10) novecentoventisettemilionitrecentonovantaquattromilacinquecentoquarantadue

Esercizio 10

1) apre la banca, Apre
2) chiude la banca, Chiude
3) apre il museo, Apre
4) chiude la posta, Chiude
5) incontri Luigi, Incontro
6) Ingrid va a casa, Va a casa
7) comincia il film, Comincia
8) parte il treno per Firenze, Parte

Esercizio 11

1) Che
2) Quando
3) Quale
4) Quanti
5) Dove
6) Chi
7) Come
8) Perché

Esercizio 12

1) ho
2) vogliono
3) possiamo
4) deve
5) fate
6) vai
7) viene / vuole

Esercizio 13

1) in tabaccheria / francobolli
2) in macelleria / salsicce
3) in profumeria / rosetto
4) in edicola / giornale
5) in pasticeria / dolce
6) in rosticceria / pollo arrosto

Esercizio 14

1) andati(e)
2) passeggiato
3) partite
4) telefonato / arrivato(a)
5) raccontato
6) ricevuto
7) sentito
8) cambiato

Esercizio 15

1) scritto
2) letto
3) risposto
4) fatto
5) preso
6) messo
7) aperto
8) chiuso
9) venuto(a) / venuta / venuti

Esercizio 16

1) Ho preso il giornale ed ho letto.
2) Lo studente è entrato nella stanza ed ha salutato il professore.
3) Abbiamo telefonato appena siamo arrivati/e all'aeroporto.
4) Abbiamo aperto la porta e siamo usciti/e dalla stanza.
5) ho spento la televisione e sono andata a dormire.
6) Giulia non è rimasta a casa, è andata al concerto.
7) Ho chiesto ad un vigile la strada per il museo.
8) Chi ha chiuso le finestre?

Esercizio 17

1) Verrà con noi stasera.
2) Andrò a teatro da sola.
3) Comperai i biglietti anche per noi?
4) Signorine, starete a casa stasera?
5) Con chi studierà dopo pranzo?
6) A che ora finiranno le lezioni.
7) Mia sorella telefonerà agli zii da Firenze.
8) Scriveranno molte cartoline da Venezia.

Esercizio 18

1) a) Ascolteremo le notizie alla radio e poi ci prepareremo la colazione.
   b) Dopo che avremo ascoltato le notizie alla radio ci prepareremo la colazione.
2) a) Luisa andrà dalla parrucchiera e poi andrà al mercato per fare la spesa.
   b) Dopo che Luisa sarà andata dalla parrucchiera, andrà al mercato per fare la spesa.
3) a) Gli operai prepareranno gli attrezzi e poi cominceranno a lavorare.
   b) Dopo che gli operai avranno preparato gli attrezzi, cominceranno a lavorare.
4) a) Entrerò nella stanza e poi accenderò la luce.
   b) Dopo che sarò entrata/o nella stanza, accenderò la luce.
5) a) Mara incontrerà con un amico italiano al bar e poi prenderà un caffè con lui.
   b) Dopo che Mara avrà incontrato con un amico italiano al bar, prenderà un caffè con lui.

Esercizio 19

1) Abbiamo acceso la luce, perché era buio.
2) Ho preso un'acqua fresca, perché avevo sete.
3) Abbiamo mangiato un panino, perché avevamo fame.
4) Ero molto occupato e perciò non sono tornato a casa.
5) Non ho letto il libro, perché non avevo voglia.
6) Paolo ha presa un'aspirina, perché non si sentiva bene.
7) Non sono tornati/e a casa, perché volevano ancora camminare.
8) Valeria non è tornata a casa, perché voleva vedere le vetrine del centro.

Esercizio 20

1) non lo voglio.
2) la vedo.
3) non le vediamo.
4) lo conosco.
5) non le conosciamo.
6) li aspettiamo.
7) La incontrerò
8) le aspetterò

Esercizio 21

1) Quando ho sete mi piace bere un bicchiere d'acqua.
2) Quando fa caldo a mia sorella bere ....
3) A colazione mi piace bere caffè e latte.

4) Sì, mi piace molto.
5) Venezia ci è piaciuta molto.
6) Ci è piaciuto molto andare in gondola.
7) Sì, questa pizza mi piace.
8) Gli spaghetti con le vongole ci piacciono tanto!

Esercizio 22

1) L'ho vista.
2) non li abbiamo visti.
3) l'ho preso.
4) non li ho ancora cambiati.
5) le ho preparate.
6) l'abbiamo vista.
7) non l'ho ancora letto.
8) l'abbiamo preso.
9) li abbiamo invitati.
10) l'ho ringraziata.

Esercizio 23

1) L'ho vista domenica scorsa.
2) No, non li abbiamo visti.
3) Sì, le abbiamo spente.
4) Sì, l'ho già preso.
5) No, non li ho ancora cambiati.
6) Sì, le ho preparate.
7) No, non l'abbiamo vista.
8) No, l'ho abbiamo ancora letto.
9) Sì, l'ho presa.
10) Sì, l'abbiamo preso.
11) No, le abbiamo chiuse.
12) Sì, li abbiamo invitati.
13) Sì, l'ho abbiamo ringraziata.
14) Sì, l'ho preso io.

Esercizio 24

1) non si sono abituati ad alzarsi presto.
2) Se volete divertirvi, stasera dovete venire con noi.
3) Non ci siamo ricordate di portare i quaderni.
4) non si sono ricordati di portare il dizionario
5) Non possiamo ricordarci chi ha telefonato ieri sera.
6) Domani è domenica: a che ora si alzeranno?
7) Le signorine non si sentono bene. Vogliono andare a casa.
8) si guardano nello specchio ogni volta che si pettinano e si mettono il rossetto.

Esercizio 25

1) generosissima, molto generosa.
2) altissimi, molto alti.
3) simpaticissime, molto simpatiche.
4) palazzo vecchissimo, palazzo molto vecchio.
5) utilissimo, molto utile.
6) famosissima, molto famosa.
7) benissimo, molto bene.
8) prestissimo, molto presto.
9) caldissimo, molto caldo.